AF325182

ÉTUDE

LES ŒUVRES INÉDITES

ET SUR

LA CORRESPONDANCE

DE

H. DUSEVEL,

ARCHÉOLOGUE & HISTORIEN,

INSPECTEUR DES MONUMENTS HISTORIQUES, MEMBRE NON RÉSIDANT DU
COMITÉ DES TRAVAUX HISTORIQUES, LAURÉAT DE L'INSTITUT,
OFFICIER DE L'INSTRUCTION PUBLIQUE, ETC.

Par F. POUY

CORRESPONDANT DU MINISTÈRE DE L'INSTRUCTION PUBLIQUE.

AMIENS
IMPRIMERIE DELATTRE-LENOEL, ÉDITEUR
32, RUE DE LA RÉPUBLIQUE, 32.

1882

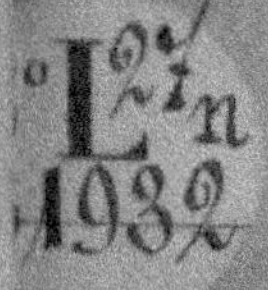

ÉTUDE

SUR

LES ŒUVRES INÉDITES

ET SUR

LA CORRESPONDANCE

DE

H. DUSEVEL,

ARCHÉOLOGUE & HISTORIEN,

INSPECTEUR DES MONUMENTS HISTORIQUES, MEMBRE NON RÉSIDANT DU
COMITÉ DES TRAVAUX HISTORIQUES, LAURÉAT DE L'INSTITUT,
OFFICIER DE L'INSTRUCTION PUBLIQUE, ETC.

Par F. POUY

CORRESPONDANT DU MINISTÈRE DE L'INSTRUCTION PUBLIQUE.

AMIENS

IMPRIMERIE DELATTRE-LENOEL, ÉDITEUR

32, RUE DE LA RÉPUBLIQUE, 32.

1882

TIRAGE

175 *Exemplaires sur vélin.*
25   —   *sur vergé.*

AVERTISSEMENT

Nous avons esquissé, dans une précédente notice
sur H. Dusevel, (1) l'histoire de sa vie d'historien
et d'archéologue, et nous avons dressé la liste de
la plus grande partie de ses publications.

Notre but, en publiant cette nouvelle étude, est
de faire connaitre son œuvre inédite, dont l'importance mérite de fixer l'attention. Nous énumérerons,
en les analysant, les manuscrits qu'il a laissés, et sa
correspondance prendra aussi une large place dans
notre travail ; elle offre, en effet, une source précieuse de renseignements curieux et intéressants et
parfois de révélations piquantes ; on y rencontre, à
chaque pas, la trace des relations de l'auteur avec
un grand nombre de savants et de lettrés, dont les
noms connus auront pour le lecteur un attrait tout
particulier.

____

(1) Notice biographique et bibliographique sur H. Dusevel, Amiens,
Delattre-Lenoël, 1881, in-8° de 32 pages.

Un aperçu général sur la vie et les œuvres de H. DUSEVEL sera le cadre naturel de cette étude, et, chemin faisant, nous signalerons quelques particularités intéressantes sur ses publications. Nous dirons quelques mots de la part qu'il prit à la fondation de plusieurs Associations scientifiques, de bienfaisance ou d'utilité ; nous rappellerons brièvement les services qu'il rendit soit à la chose publique, soit à ses concitoyens.

Il nous a paru utile et juste de rappeler les titres de l'historien d'Amiens à la reconnaissance de son pays, en consacrant ces pages à l'œuvre laborieuse de toute sa vie.

CHAPITRE PREMIER.

DÉBUTS, FONCTIONS D'AVOUÉ, VOYAGES ET ÉTUDES, ORGANISATION DE CORRESPONDANCE, RENAISSANCE DE L'HISTOIRE ET DE L'ARCHÉOLOGIE, PREMIER MUSÉE D'AMIENS, PREMIERS ÉCRITS, COLLABORATION A DIVERS JOURNAUX, OFFICIER DANS LA GARDE NATIONALE. — (1817-1830).

De 1817 à 1820, H. Dusevel était à Paris, étudiant le droit; il occupait ses loisirs à des recherches sérieuses, concernant les usages judiciaires, le Barreau, et aussi l'histoire et l'archéologie. Muni de son titre d'avocat, il se fixe à Amiens en 1823, et l'année suivante, 5 janvier 1824, il achète une charge d'Avoué à la cour, qu'il conserva jusqu'au 16 mai 1840. L'exercice de cette profession le mit en rapport avec quelques célébrités du Barreau de Paris, qu'il choisissait pour défendre les causes parfois importantes dont il était chargé.

Plusieurs de ces orateurs remarquables étaient aussi des lettrés et des historiens, avec lesquels M. Dusevel conserva des relations.

Le jeune fonctionnaire n'avait pas moins de zèle pour sa profession d'avoué que pour ses études littéraires; plusieurs clients lui donnèrent des témoignages de reconnaissance. M. Boucher de Perthes lui écrivait le 1er novembre 1841 :

« L'autre jour je parlais de vous à Paris avec les chefs de notre contentieux; ils se louaient beaucoup de la manière lucide dont vous traitiez les affaires de douanes et ajoutaient que nulle part l'administration n'avait été servie avec plus de zèle, de capacité et de désintéressement. Comme cette opinion a toujours été la mienne, j'ai été fort satisfait de voir qu'elle était générale.

M. Dusevel, travailleur infatigable, avait réuni les matériaux nécessaires pour publier un *Code des Avoués, ou Traité des fonctions, droits, devoirs... de ces officiers ministériels*, ouvrage dont on voit encore un fort cahier parmi ses manuscrits.

Plus tard, il rechercha des documents pour publier un ouvrage auquel il devait donner le titre de : *Essai historique sur les anciens usages du Palais, et les livres de jurisprudence les plus curieux* :

La plus grande partie du manuscrit de cet ouvrage ayant été perdue par l'auteur, lors d'un voyage à Paris, cette publication ne put avoir lieu.

Le premier ouvrage composé par H. Dusevel se rapporte à ses études juridiques ; il est intitulé :

Sagesse et bienfaits de la Charte constitutionnelle accordée aux Français par S. M. Louis XVIII, 1821, petit in-4°, sur papier vergé, de 138 pages (1), avec cette épigraphe, tirée de Boileau :

« Que le début soit simple et n'ait rien d'affecté. »

« La France, dit l'auteur, en commençant, envahie par l'étranger, divisée intérieurement, attendait avec anxiété qu'une main habile vint la retirer du gouffre où l'excessive ambition de son chef l'avait plongée.

» *Louis* ne veut pas régner sur des esclaves, la Charte paraît, et en l'ouvrant j'y trouve les droits d'un peuple libre. Tous les Français sont égaux devant la loi, ferme appui de l'homme faible contre le puissant; le prince lui-même est soumis à la loi. Le pauvre laboureur ne supportera plus seul, comme sous le régime féodal, toutes

____

(1) On s'occupait beaucoup alors de cette Charte, qui était publiée et commentée jusque sur les tabatières. Les tabatières à la Charte, répandues jadis en si grand nombre, ne se trouvent plus aujourd'hui que rarement.

les charges de l'Etat ; les privilèges n'existent plus, ni pour les grands,
ni même pour les ministres du Très-Haut. »

Evidemment, le jeune auteur voyait les choses en beau,
et c'est presque sur le ton de l'enthousiasme qu'il con-
tinue à exposer les bienfaits que, selon lui, la Charte
était distinée à procurer au peuple Français.

Il commente favorablement chacun des articles de la
nouvelle constitution, sauf quelques rares critiques, au
point de vue historique ; c'est ainsi que, par exemple,
à propos de l'institution de la Pairie, que la Charte fait
remonter à Charlemagne, M. Dusevel fait observer qu'il
n'est point fait mention de *Pairs* dans l'histoire, avant le
règne de Louis VII (1).

L'auteur ne voulait pas se borner à orner son travail de
critiques historiques ; il désirait aussi y noter les lois
et ordonnances qui pouvaient expliquer ou modifier certains articles ; mais « des hommes instruits, dit-il, lui ont
fait remarquer que ces commentaires seraient inutiles,
puisque « son but était simplement de donner une idée
de la sagesse de la Charte ». Aussi, a-t-il fait disparaître
la plus grande partie de ces remarques juridiques.

Pourquoi ce travail n'a-t-il pas été publié, ainsi que
l'auteur en avait l'intention ? C'est ce que je n'ai pu
découvrir.

Dès 1818, M. Dusevel commençait à s'occuper, à Paris,
d'archéologie générale, sous les auspices de M. le comte
Lenoir de Laroche, Pair de France, qui l'avait recommandé à plusieurs savants. Mais c'est surtout à partir de

(1) On regarde aujourd'hui comme la première preuve authentique de l'existence des Pairs sous les Rois de la troisième race, une lettre de 1025, du comte
Eudes au roi Robert. (*Imbert*, tome 1er, p. 100.)

1824 qu'il se livra particulièrement à ce genre d'études, en Picardie (1), en même temps qu'aux recherches historiques, notamment sur le moyen-âge et la renaissance.

En 1827, il parcourut, à pied, presque toutes les communes du département de la Somme et profita de ses tournées scientifiques pour se mettre en rapport avec les personnes, peu nombreuses alors, qui avaient des goûts analogues aux siens. Il recueillit, par la suite, les fruits de ces relations : les communications lui arrivaient de tous côtés; les découvertes, les fouilles lui étaient signalées. Tous ces documents, ainsi centralisés, étaient mis en œuvre, après avoir été contrôlés; ils ont fait, en partie, l'objet de plusieurs publications.

C'est donc à bon droit que M. Dusevel peut être considéré comme l'un des premiers organisateurs de la science archéologique en Picardie, comme il a été le rénovateur des études historiques. On en trouvera plus loin la preuve dans sa correspondance (2).

Depuis 1822, époque à laquelle M. A. Machart fit présent à M. H. Dusevel, son ami et collaborateur, d'un exemplaire de l'*Histoire de Doullens*, par le P. Daire, le jeune donataire de ce livre ne cessa de songer à refaire l'histoire de son pays. Le travail du docte Célestin lui parut incomplet, erroné. Il commença d'abord par étudier ce livre à fond, l'annoter et le corriger sur les marges,

(1) Il fallait, alors une vocation véritable pour inaugurer cette science incomprise, à tel point qu'un brevet d'antiquaire, équivalait au titre d'homme ridicule, original ou maniaque.

(2) Rivoire seul avait publié, en 1806, son *Annuaire* et la *description* de la cathédrale d'Amiens, ouvrages qui ne manquent pas de mérite, bien qu'ils aient été, le dernier surtout, l'objet de critiques un peu vives de la part de MM. Rigollot père et Raymond.

puis il y ajouta, à la fin, diverses notes de son frère Eugène. Il augmenta successivement ce travail de matériaux de toutes sortes, puisés partout, et notamment dans les archives locales. Les documents qu'il est parvenu à réunir sont très nombreux ; en voici la liste, en ce qui concerne les pièces principales et véritablement suffisantes pour constituer une histoire de Doullens.

1º Notes sur le sépulcre et l'église ;

2º Éphémérides historiques ;

3º Le beffroi ;

4º La fontaine St-Julien ;

5º Monuments historiques ;

6º Extraits et copies des archives communales des fabriques et églises, et nombre d'autres documents importants.

Une plume toujours prête à se mouvoir et aussi exercée que celle du jeune écrivain, ne pouvait rester en dehors du journalisme. C'est, pour commencer, à un tout petit journal qu'il prêta son concours : la *Feuille de Doullens*, journal hebdomadaire, paraissant le lundi, dans le format in-8º.

Cette feuille, la première créée à Doullens, avait surtout un intérêt local ; elle était éditée par l'imprimeur Quinquenpoix, qui avait obtenu l'autorisation préfectorale nécessaire le 24 décembre 1824. Le prospectus fut rédigé par M. H. Dusevel, qui continua pendant quelque temps à fournir pour le journal des articles demandés par l'éditeur. Dans une lettre que lui écrivait ce dernier le 29 décembre, il sollicitait « quelques morceaux pour composer le premier numéro ». La petite *carriole* de M. Quertier, devait se charger de faire parvenir en six heures, la *copie* de M. Dusevel à M. Quinquenpoix; c'était alors, entre Doullens et Amiens, le mode de transport le plus rapide.

Le premier numéro du journal *La Feuille de Doullens*, parut le 4 janvier 1825, et conserva ce titre jusqu'en 1844, époque à laquelle il fut intitulé l'*Authie*, ainsi que je l'ai dit dans mes *Recherches sur l'imprimerie et la librairie dans la Département de la Somme* (1).

M. Dusevel avait eu le projet de fonder à Doullens, à une époque que je ne puis préciser, une Société savante; il en avait rédigé les statuts ci-après transcrits.

Mais il est probable qu'il ne s'est pas trouvé un nombre suffisant d'adhérents pour constituer cette Association.

Les soussignés déclarent vouloir fonder une Société littéraire et artistique à Doullens, sous ce titre :

Société des Lettres et des Arts de l'arrondissement de Doullens.

Les statuts de cette Société seront les suivants :

ARTICLE PREMIER.

La Société des Lettres et des Arts de l'arrondissement de Doullens, a pour but de contribuer au progrès dans ce pays.

ART. 2.

Pour atteindre ce résultat, elle publie un bulletin de ses travaux tous les deux mois, et tient ses séances le premier jeudi de chaque mois, à six heures du soir.

ART. 3.

Ces séances, sont consacrées à des lectures ayant rapport aux lettres et aux arts et à des comptes-rendus des ouvrages qui auront été envoyés à la Société.

(1) Paris. Duprat, 1863-64, p. 19.

Art. 4.

La Société est composée de 15 à 20 membres titulaires, de membres honoraires et de correspondants dont le nombre est indéterminé.

Art. 5.

Pour être reçu membre titulaire il faut avoir 21 ans au moins, être proposé par deux membres fondateurs et réunir la moitié plus un des membres présents à la séance à laquelle la proposition aura été faite.

Art. 6.

La nomination se fait au scrutin secret et un mois après la présentation.

Art. 7.

Chaque membre titulaire paye une cotisation annuelle de 10 francs, et les correspondants une de 5 francs.

C'est à l'initiative et aux soins de M. Dusevel que la ville de Doullens doit la restauration de plusieurs de ses monuments, les églises, le beffroi, le sépulcre, les vitraux, etc. Deux fois, en 1867 et 1868, il fut chargé de présider la Commission du concours des Écoles primaires de l'arrondissement de Doullens.

M. Dusevel menait de front divers travaux ; il rédigeait en partie le *Glaneur* d'Amiens et collaborait à deux journaux de la capitale : le *Spectateur des Tribunaux*, et le *Courrier des Tribunaux*.

En 1825, M. Guillard, directeur de ces deux publications, écrivait à M. Dusevel :

« L'intérêt que vous portiez au succès du *Spectateur des Tribunaux* à la rédaction duquel vous avez daigné coopérer, m'engage à vous prier de vouloir bien continuer vos bons soins pour le *Courrier des*

Tribunaux, qui, rédigé par les mêmes avocats, héritera, nous osons nous en flatter, de l'estime que l'on portait au *Spectateur*. »

M. Dusevel a écrit, plus tard, dans un grand nombre de journaux et de revues, comme on le verra plus loin.

Sa première publication historique, rédigée avec un collaborateur, concerne la ville d'Amiens, qu'il habite et qu'il aime, et sur laquelle il a tant écrit par la suite.

On sait que ce petit livre porte le titre suivant, signé seulement des initiales des auteurs : *Notice sur la Ville d'Amiens,* (par H. Dusevel et R. Machart). Amiens, 1825, in-8°.

Ce travail fut, paraît-il, rapidement composé par les deux collaborateurs, en vue de la visite faite à Amiens par Mme la duchesse de Berry, le 31 août 1825. Ce même jour à 5 heures du soir, les auteurs furent admis à offrir à la princesse, dans les salons de la Préfecture, un exemplaire de leur ouvrage, élégamment relié par M. Leprince, relieur amateur.

Mme la duchesse de Reggio présenta les deux écrivains à S. A., dont ils reçurent un bienveillant accueil et qui les fit inviter au bal que la ville donnait en son honneur.

Un exemplaire de la même notice fut placé sous les yeux du roi Charles X, à l'époque de son passage à Amiens, le 18 septembre 1827, ainsi que le constate le curieux document suivant, adressé à M. Dusevel le 7 novembre 1828, par M. Delahaye, alors bibliothécaire de la ville :

« Lors du passage de S. M. à Amiens, en 1827, M. le Préfet m'a fait demander votre Notice pour la mettre sous ses yeux ; lorsqu'après son départ je la réclamai, on m'a répondu qu'elle ne s'était plus retrouvée dans sa chambre et que les personnes de sa suite l'avaient probablement emportée, comme les exemplaires que vous aviez eu la bonté de me donner ; ils ont également subi le même sort ; je n'ai pu les remplacer. »

M. Dusevel a souvent manifesté l'intention de publier une deuxième édition de cette Notice ; mais il n'a pas réalisé son projet. On trouve, cependant, dans ses manuscrits plusieurs documents qui pourraient être utilisés, soit pour rectifier l'ouvrage, soit pour le compléter.

Aucun travail, si ce n'est quelques notes et brouillons, ne se rattache aux *Lettres sur le département de la Somme*. Tous les matériaux réunis par l'auteur ont sans doute été utilisés dans les deux éditions de cet ouvrage.

Divers documents existent sur les *Monuments anciens et modernes de la ville d'Amiens*. Tous les renseignements recueillis sur la cathédrale de cette ville ne paraissent pas non plus, avoir trouvé place dans les diverses éditions de la *Notice historique* et des descriptions de ce monument, par M. Dusevel.

Beaucoup de travaux intéressants, de la période qui nous occupe se trouvent dans le journal *le Glaneur*.

C'est, parmi les journaux d'Amiens, celui auquel M. Dusevel a fourni la plus longue et la plus importante collaboration.

Il publia entre autres, à partir de 1826, des éphémérides, des notices historiques, préludes de ses ouvrages sur le département de la Somme. Des observations lui furent faites à ce sujet, par M. Delahaye, bibliothécaire, dans une lettre du 23 février 1827, où on lit :

« C'est en 1216 que les premiers fondements du château de Ham ont été jetés par Odon IV, à son retour de la conquête de Constanti-

nople ; c'est un des descendants de cet Odon qui fit la pucelle prison-
nière à Compiègne. Le château et le fort furent continués en 1465
par le connétable de Saint-Pol, qui les termina en 1470, et y fit placer
cette inscription : *Mon mieux*. C'est par le traité du 11 avril 1559 que
le château et la ville sortirent de la domination espagnole pour faire
partie du domaine de la couronne de France. »

C'est dans les livres dont M. Delahaye avait la garde
qu'il puisait ces précieux documents, et peut-être en aurait-il
découvert d'autres encore, s'il avait été possible d'écrire
plus longuement à la bibliothèque, où, dit-il, il était *glacé*.
Pauvre M. Delahaye ! c'était un excellent homme, dévoué
et zélé, qu'on laissait ainsi sans feu ! Son poste n'en était
pas moins fort envié malgré ses inconvénients, et, pour
l'obtenir, ce n'est pas le froid le plus intense qui aurait
refroidi l'ardeur d'un postulant.

Trois ans après la lettre qu'on vient de lire, c'est-à-dire
en 1830, M. Delahaye s'adressait à M. Dusevel au sujet de
la formation d'un Musée d'antiquités à Amiens, dans une
des salles de la Bibliothèque. Il voulait appeler l'attention
du public sur ce musée encore minuscule, et il avait recours
pour cela à la plume de son collègue, le priant d'insérer
dans le *Glaneur* un commentaire développé de l'article
suivant, qui parut le 3 avril 1830.

« Nous avons été, ainsi que beaucoup d'amateurs, visiter à la
Bibliothèque de cette ville une armoire vitrée, garnie de plusieurs
objets précieux d'antiquités qui y ont été réunis par les soins du
bibliothécaire. Ce commencement de Musée ne pourra que s'accroître
rapidement par l'appel que pourra faire M. Delahaye aux différents
amateurs qui lui ont déjà promis plusieurs objets qui y figureront avec
le nom du donataire (*sic*, pour donateur.) Nous pouvons donc espérer
maintenant que lorsqu'une fouille, un tourbage, des travaux souterrains, procureront quelques objets d'antiquité, on s'empressera de les
porter à ce dépôt. »

M. Delahaye se trouvait donc le conservateur volontaire de ce musée, au sujet duquel il écrivait, le 15 juin 1830, à M. Dusevel :

« Je me recommande à votre complaisance pour vouloir bien donner, dans le prochain numéro du *Glaneur*, un article, sur la formation de notre Musée. Les dons principaux sont ceux de MM. Ledieu et Auguste Leprince. Le premier a donné des objets gaulois, trouvés dans un tombeau et une figure de Mercure. Le second, des figurines en métal et des vases de diverses formes, trouvés au faubourg de Noyon ; MM. Henri Beaucousin, Boullenger, Guilmeth, ont aussi donné divers objets celtiques et autres. Voilà, Monsieur, en raccourci, quelques renseignements qui vous serviront pour établir votre article. Je ne suis pas inquiet de la manière dont vous le traiterez, et je suis certain que sa rédaction contribuera encore à augmenter les dons qui ont déjà été faits à la ville. »

Telle a été la première et modeste origine du Musée d'Amiens, que M. Dusevel a contribué à fonder et à augmenter, et dont quelques années plus tard, il fut l'un des administrateurs. En 1837, il faisait un rapport sur les objets qui le composaient.

L'organisation en fut toutefois assez lente. Ce n'est qu'en 1838 que l'on obtint de la ville les armoires et vitrines nécessaires pour meubler ce qu'on appelait alors le *cabinet d'Antiquités*, ainsi qu'on le voit, par une lettre de M. Rigollot à son collègue Dusevel. Dans cette missive, le docteur agite la question de conférer au maire d'Amiens le titre de membre honoraire de la Société d'archéologie, titre qui avait déjà été donné au préfet Dunoyer, et qui fut également attaché à la qualité de maire de la ville (1).

---

(1) Les dignitaires de la Société d'archéologie étaient à l'origine, les fondateurs dont les noms suivent : Rigollot, président ; marquis de Clermont-Tonnerre, vice-président ; Ledieu père, trésorier ; Guérard, secrétaire annuel ; Boulhors (Jean-

En 1829, M. Dusevel était chargé par le directeur de l'institution Loriol, à Paris, de réviser, en ce qui concerne la Picardie, une *Géographie*, qui fut alors publiée. M. Loriol, parlant du pensionnat qu'il dirigeait, dit qu'il s'efforçait de compléter l'éducation de la jeunesse par des notions d'hygiène et d'exercice corporel.

C'est par de telles occupations, par des investigations patientes et continuelles, des études approfondies, que M. Dusevel se préparait à de plus grands travaux. Il interrogeait tous les souvenirs, les archives, les inscriptions, les monuments, les tombeaux; faisait pratiquer des fouilles, et ne négligeait aucune démarche pour arriver à son but. Dès lors, on voit de 1825 à 1830, se former un petit groupe d'amateurs, de curieux, auxquels notre chercheur a donné l'élan. Les indifférents commencent à prêter l'oreille ; les moqueurs deviennent plus circonspects ; n'est-ce pas la preuve que, comme on l'a dit, sous la plume du nouvel écrivain, l'archéologie était présentée sous une forme attrayante ? Le fonds n'était pas moins solide, car M. Dusevel appuyait ses écrits de l'opinion des hommes les plus autorisés du temps : les Champollion, les Lenoir, les Delaborde, etc., avec lesquels il avait de nombreux rapports.

Louis-Alexandre), secrétaire perpétuel, mot dérisoire pour lui, car au bout de trois ans ce poste fut enlevé à ce savant, si digne de le remplir d'une manière impartiale, sans chercher à l'exploiter dans un intérêt personnel ou de coterie.

La Commission du Musée était composée de quatre membres fondateurs : Le Prince (Auguste), conservateur ; de Grattier, Dusevel et Duthoit (Aimé), administrateurs.

Cinq autres membres titulaires résidants avaient le titre de fondateurs : MM. de Betz ; de Butler ; Cocquerel, ingénieur ; Dauthuille; Le Serurier.

Aucun de ces premiers fondateurs et dignitaires n'existent aujourd'hui ; M. Dusevel fut le dernier survivant.

« Vos ouvrages ne peuvent qu'exciter au plus haut degré l'intérêt de vos concitoyens, écrit M. le marquis de Malville, premier président de la Cour d'Amiens, le 6 novembre 1825.

M. le procureur général Morgan caractérise ainsi la *Notice sur Amiens* :

« Le but est atteint : exactitude et simplicité. C'est ainsi que ces sortes d'entreprises doivent être remplies pour être à la portée des lecteurs de toutes les classes. (17 novembre 1825.) »

Les *Lettres sur le département de la Somme* furent accueillies partout avec un vif intérêt qu'expriment en bons termes un grand nombre d'éloges. Dans l'un d'eux, il est dit que ce livre rappelle le voyage de Chapelle et Bachaumont (1) ; dans un autre, on le qualifie de « petit monument propre à piquer la curiosité et à exciter le désir de connaître un pays si riche en souvenirs. » (1827).

L'auteur attirait ainsi, par ses travaux, l'attention sur son pays.

Les sciences, les lettres et la procédure ne suffisaient pas à la prodigieuse activité de M. Dusevel. Le Dieu Mars, qui le croirait, sut aussi le captiver et l'attirer dans ses bataillons. Par arrêté préfectoral du 7 janvier 1826, il fut nommé deuxième sous-lieutenant de la compagnie de chasseurs, dans la garde nationale d'Amiens, et le 21 septembre 1829, premier sous-lieutenant, en remplacement de l'imprimeur Caron-Isnard, décédé. En 1830, il contribuait, avec sa compagnie, au maintien de l'ordre, ce qui lui valut le grade de lieutenant.

(1) Lettre relative à une séance de la Société des Antiquaires de France, où il fut rendu compte de ce livre par M. Depping, 19 août 1830.

On voit que notre jeune archéologue faisait son chemin aussi bien avec l'épée qu'avec la plume. Je suis pourtant porté à croire qu'il aurait pu rendre plus de services comme officier rapporteur; en tout cas, je ne m'étendrai pas davantage sur les exploits du jeune officier de la garde civique.

CHAPITRE II.

TRAVAUX DE M. DUSEVEL DE 1830 A 1881, SES PUBLICATIONS LES PLUS IMPORTANTES, SA COLLABORATION A DIVERS GRANDS OUVRAGES, JOURNAUX, REVUES, DOCUMENTS QU'IL FOURNIT A L'HISTOIRE DU TIERS-ÉTAT, SES SUCCÈS, SES EMPLOIS, SES TITRES HONORIFIQUES, SES RELATIONS, INCIDENTS DIVERS, PROJETS.

§ Ier. — 1830-1850.

Les vingt années que nous allons étudier forment ce que l'on peut appeler la période la plus brillante de M. Dusevel. C'est, en effet, entre ces deux dates qu'il a publié ses ouvrages les plus importants et qu'il a reçu des distinctions honorables.

Il a alors étendu le champ de ses études aux XVIIe et XVIIIe siècle, et même au siècle actuel, sans cesser de s'occuper du moyen-âge et de la renaissance qui l'avaient captivé à ses débuts.

Rappelons d'abord le splendide et légitime accueil fait à la première édition de l'*Histoire d'Amiens*, publiée par livraisons, en 1832-33. Les éloges sont arrivés de toutes parts à l'auteur, par la presse et par lettres particulières. Un intime ami a cependant fait quelques observations, que nous relevons dans une lettre du 6 juin 1832 : il regrettait que dans les premières livraisons, M. Dusevel n'eût pas suffisamment développé les articles relatifs aux arts, aux sciences et aux événements dont Amiens a été le théâtre. Mais, d'un autre côté, il trouvait que le plan de l'ouvrage était bon, que le système d'analyse adopté était préférable aux longs commentaires dont le P. Daire avait abusé, et il terminait par ces mots qui compensent bien les critiques : « Le dépouillement que vous avez fait des archives de la ville vous a mis à même de répandre un nouveau jour sur l'histoire de la cité Picarde, et d'en décrire avec plus de précision et d'exactitude les accroissements et les faits remarquables. »

La *Description du département de la Somme*, publiée en collaboration avec M. Scribe, en 1835-36, n'était pas accueillie avec moins de faveur. L'Académie des Inscriptions citait avec éloge cet ouvrage, en 1839, notamment pour les « importantes recherches qui s'y trouvent sur le régime municipal de la ville d'Amiens au XIIe siècle. » Mais un plus grand triomphe avait été obtenu en 1835, par M. Dusevel seul ; l'Académie des Inscriptions et Belles-Lettres lui avait décerné la troisième médaille d'or pour son *Mémoire sur les Anciens Monuments du département de la Somme*. Le rapporteur s'exprimait ainsi :

« Cet ouvrage n'est pas seulement une dissertation sur des antiquités découvertes ou conservées dans quelques localités, mais une revue très-détaillée, et cependant renfermée dans de justes bornes, de toutes les antiquités romaines et du moyen-âge de ce département, jointe à un examen critique de chartes, diplômes, coutumes qui s'y rattachent.... »

Ce manuscrit ainsi couronné n'était que la première partie du travail de l'auteur, qui, pour le complément envoyé au Concours de 1837, n'eut qu'une mention honorable.

On ne remarquera pas sans quelque surprise que la deuxième partie du Mémoire de M. Dusevel, qui n'obtint qu'une mention honorable, était cependant considérée par le rapporteur comme « n'étant pas inférieure à la première, » qui fut récompensée par une médaille d'or.

L'académie aurait-elle voulu appliquer à ce cas la maxime :
Non bis in idem ?

La *Biographie des Hommes célèbres du département de la
Somme, 1835-37*, avec son supplément de 75 pages, 1838,
valut à M. Dusevel plus d'un suffrage honorable, et aussi
un peu de critique ; il est si difficile de plaire à tout le
monde dans une biographie consciencieuse ! Constatons
toutefois que ce sont moins ceux dont on a parlé, que
les personnages oubliés totalement qui se sont plaints. Les
éloges comme les anathèmes devaient d'ailleurs être par-
tagés entre les collaborateurs de cette œuvre collective.
Aujourd'hui un nouveau supplément à cet ouvrage est
devenu nécessaire.

Les *Archives de Picardie, 1841-1842,* recueil consacré
à la littérature, à l'histoire, à l'archéologie et aux beaux-
arts, fut aussi un travail collectif, dont M. Dusevel avait
la direction. Il s'était entouré de collègues qui, pour la
plupart, avaient fait leurs preuves, entre autres de M. le
marquis de Fortia, membre de l'Institut, de M. le baron
de La Fons de Mélicocq, travailleur intrépide, possesseur
d'archives du plus haut intérêt, et dont il savait extraire
avec talent pour les publier les meilleurs documents (1).
M. le comte de Boubers et M. Goze s'acquittaient à merveille de la tâche archéologique et héraldique. L'origine
du nom de Picard a été là vivement discutée entre plusieurs des savants qu'on vient de citer, et aussi avec
M. Bresseau, qui tenait pour l'origine *Pohière*, ou Poix,
tandis que M. de Fortia combattait en faveur de Picquigny,

---

(1) Les nombreux extraits d'archives dont M. de La Fons a enrichi une foule
de publications l'ont fait surnommer par un malicieux collègue : *le grand Extrac-
teur*.

et que M. de Boubers voulait au contraire faire sortir le nom de *Picard* des mots *pic* et *gard*.

Quand trouvera-t-on la solution de cette éternelle question, sur laquelle on a jasé au point de donner créance à l'opinion de Du Cange, qui tirait le nom de son pays de *Pica* (Pie).

La célèbre muse picarde, Fanny Dénoix, ornait cette revue de ses poésies ; elle y inséra notamment sa jolie pièce de vers sur la statue de Blasset, *Notre-Dame de la Victoire*, ou le vœu du grand Condé, placée dans l'église des Cordeliers d'Amiens.

Parmi les articles dûs à la plume de M. Dusevel, on remarquera ceux relatifs aux *Anciens monuments du département de la Somme*, sur les *Tableaux de la Confrérie Notre-Dame du Puy*, les *Mystères*, les *Arts au moyen-âge*. Il était aussi l'auteur de la *Chronique* et des comptes-rendus bibliographiques.

Par la nature des documents qu'elles renferment, les *Archives de Picardie* offrent véritablement un intérêt sérieux, varié et agréable.

La *Notice sur la Bannière de Péronne de 1536*, l'*Administration de la Justice à Amiens pendant le XVe siècle*, l'*Etude sur les Mystères et les Jeux*, ont été des travaux très remarqués et fort appréciés, ainsi qu'on le verra par la correspondance.

Les rapports sur les archives et sur les monuments n'ont pas été moins goûtés du monde savant.

Les monographies insérées dans la belle publication intitulée : *Eglises, Châteaux, Beffrois et Hôtels-de-Ville de la Picardie et de l'Artois, 1842-49*, ont eu le plus grand succès.

Il en a été de même de la dernière édition des *Lettres sur le département de la Somme*, ainsi que nous l'avons déjà dit.

Enfin, et pour clore la liste des publications de la période brillante qui nous occupe, nous avons encore à citer la deuxième édition de l'*Histoire d'Amiens, 1848*.

Dans tous les comptes-rendus de cet ouvrage, on s'est plu à reconnaître qu'à l'auteur appartenait l'honneur d'avoir le premier su tirer aussi bon parti des documents inédits de l'échevinage d'Amiens, en offrant au public des pages fort curieuses.

On voit par une lettre de César Daly, le directeur de la *Revue générale d'architecture*, que M. Dusevel contribuait à la rédaction de ce recueil, où écrivaient aussi Vitet, Mérimée, et d'autres savants.

Pendant le même temps, notre écrivain a collaboré comme on le verra plus loin, à presque tous les journaux et revues publiés à Amiens, en diverses villes de provinces et à l'étranger.

Il a fourni également des articles d'histoire et d'archéologie à plusieurs journaux et revues publiés à Paris.

Le directeur du journal l'*Univers* lui écrivait le 23 mai 1842, pour le remercier de ses articles et lui disait :

« Vous connaissez suffisamment les convenances d'une publication périodique quotidienne, la concision, l'actualité, les autres qualités qui doivent marquer toute composition destinée à frapper l'esprit d'un lecteur qui se hâte. »

On ne peut mieux définir les qualités nécessaires à un journaliste politique militant, mais ce n'était pas le rôle que M. Dusevel ambitionnait, il se contenta d'envoyer des articles de critique et d'histoire et des protestations contre le vandalisme, les dégradations, les mauvaises restaurations dont les monuments étaient l'objet.

Le directeur de la revue *Le Correspondant* était heureux d'avoir son concours pour la rédaction de ce recueil, lors de sa fondation. (Lettre du 5 août 1844.)

Les grands éditeurs, Didot (1), Hachette, Plon, Crapelet, Dubochet et autres, lui demandaient des préfaces, des notes, des comptes-rendus d'ouvrages, et souvent une collaboration plus étendue à des ouvrages importants, comme l'*Encyclopédie du XIXe siècle*, à laquelle il a fourni presque tous les articles relatifs à la Picardie, et en dernier lieu, (1847), ceux sur les monuments historiques, Doullens, Péronne, et plusieurs familles et personnages célèbres. Quelques divergences de vues ont eu lieu pour un moment entre le directeur de l'ouvrage et M. Dusevel : le premier demandait des articles courts à son rédacteur, qui les faisait un peu étendus pour leur donner plus d'intérêt. On finit par adopter un terme moyen.

Déjà, en 1842, les *Archives de la Picardie et de l'Artois,* et les autres ouvrages publiés par Roger, faisaient leur profit d'un grand nombre d'articles de M. Dusevel, concernant les églises.

Les *Documents inédits* publiés par le ministère de l'Instruction publique lui doivent bon nombre de communications insérées dans :

1. La *Chronique des religieux de Saint-Denis,* par Bellaguet ;

2. L'*Histoire du Tiers-Etat,* par A. Thierry ;

(1) Le *Guide des voyageurs en France,* publié par cet éditeur doit à la plume de M. Dusevel de nombreux articles.

3. Les *Olim* du Parlement de Paris, par Beugnot ;

4. Les *Mélanges historiques*, publiés par Champollion-Figeac ;

5. Les *Procès-verbaux des Etats généraux de 1593* ;

6. Négociations, lettres et pièces relatives à la conférence de Loudun ;

7. Les *Lettres de Henri IV* ;

8. Les *Inscriptions de la France*.

Je rappellerai aussi les articles importants qu'il a procurés au baron Taylor, pour son *Voyage pittoresque*, ainsi qu'on le verra par la correspondance.

L'activité que notre écrivain a conservée jusque dans son extrême vieillesse était alors véritablement surprenante. Toutes les sociétés dont il faisait partie recevaient de lui des travaux, qui étaient accueillis avec empressement. Il ne se refusait jamais à satisfaire les demandes particulières.

M. Du Sommerard lui a demandé beaucoup de documents insérés dans son ouvrage : *Les arts au moyen-âge.*

Aristide Guilbert a compris dans son *Histoire des villes de France*, une *Notice sur Vervins*, rédigée par notre écrivain.

La *Géographie historique du département de la Somme* lui doit de nombreux renseignements.

Les envois qu'il a faits au Comité des travaux historiques et à l'Institut de France n'ont pas eu un moins bon accueil. Il ne dissimulait pas son désir d'obtenir le titre si envié de Correspondant de ce corps savant et le faisait savoir, dès 1831, au secrétaire perpétuel, M. Dacier, qui lui répondait le 9 octobre :

« Des recherches sur les Monuments historiques du département de la Somme, sont la meilleure recommandation dont puisse être appuyée

la demande du titre de Correspondant de l'Académie. Elle se fera
rendre compte du vôtre, lorsqu'elle s'occupera de nommer aux places
devenues vacantes »

Mais ce n'est qu'en 1835, après avoir remporté une
médaille d'or au Concours des meilleurs travaux sur les
antiquités nationales, que M. Dusevel posa nettement sa
candidature.

M. le baron Sylvestre de Sacy, annonçait ainsi au lauréat
son succès au Concours :

« J'ai l'honneur de vous instruire que l'Académie vous a décerné
l'une des trois médailles d'or du concours des Antiquités nationales
pour 1835, je me fais un plaisir, Monsieur, de vous annoncer cette
honorable distinction et de vous en offrir mes compliments. »

Nous ne reproduirons pas ici toutes les félicitations que
le lauréat reçut dans cette circonstance, on le verra dans sa
correspondance.

Revenons à la candidature poursuivie par notre archéologue, et aux curieux incidents de cette entreprise.

M. Daunou, secrétaire perpétuel de l'Académie, informait M. Dusevel, le 23 mars 1839, que ses titres à une
place de correspondant avaient été exposés dans la séance
du 22 mars, et dans celles des jours précédents, et que
son nom était maintenu sur la liste des candidats.

L'échec de M. Dusevel, en 1839, vint en grande partie
de ce qu'il ne s'était pas conformé à l'usage de faire des
visites aux académiciens. Ses concurrents, plus habiles,
n'avaient pas manqué d'employer ce puéril, mais puissant
moyen de réussite. C'est ce que M. le comte Beugnot explique
à M. Dusevel, son protégé, dans une lettre du 29 juin.

« M. de la Fontenelle connaît bien son terrain, et je ne suis plus surpris qu'il ait réussi. Les visites sont indispensables chez nous pour arriver au but, et plus on en fait, plus on a de chances de succès. »

Un des élus de l'Institut, celui qui connaissait si bien le terrain, était un ami de M. Dusevel et l'un de ses correspondants habituels. Nous aurons occasion de citer les lettres de ce savant, président de la Société des Antiquaires de l'Ouest, dont le triomphe ne pouvait, après tout, altérer les bonnes relations qui existaient entre les deux archéologues.

M. de la Fontenelle s'empressa, du reste, de faire part de sa nomination à M. Dusevel, par une lettre du 15 avril, dans laquelle il lui donne de curieux détails sur le résultat de cette élection, et dit qu'il n'a passé qu'à une faible majorité, par suite des moyens d'action employés par les nombreux candidats. Les plus redoutables, à ce qu'il paraît, étaient les Normands, « comme au moyen-âge. » Il annonce à notre historien, son collaborateur à la revue *Anglo-Française*, qu'il est en position de passer aux prochaines nominations, mais il le prévient qu'il aura aussi pour adversaires des Normands, et bien d'autres, et l'engage à ne rien négliger, surtout les visites.

En 1846, il était encore question à l'Académie des inscriptions et belles-lettres, de la candidature de M. Dusevel; Prosper Mérimée, l'informait en effet, à la date du 13 avril, que son nom figurait sur la liste et qu'il fallait se mouvoir. Le célèbre académicien ajoutait : « Je serai à vos ordres le 21 de ce mois; si par impossible quelque affaire de service m'obligeait à quitter Paris, je m'empresserais de vous en prévenir. » De toutes ces recommandations et de bien d'autres avis, M. Dusevel ne fit rien, ou peu de chose, en sorte qu'il arriva ce qui lui avait été

prédit par ceux qui lui reprochaient son inaction : il ne
fut pas nommé, et fut presque toujours vaincu par les Normands. Plus tard, cependant, quelques-uns de ses compatriotes, plus habiles sinon plus savants, ont su arriver à
l'Institut.

Parmi les Académiciens qui ont soutenu avec le plus de
cœur et de chaleur la candidature de M. Dusevel, il faut
citer M. le marquis de Fortia, MM. Mollevaut, Magnin,
Beugnot (1), de Choiseul, Monmerqué, Paulin Paris.

Le célèbre et influent typographe Crapelet, grand ami,
et chaud partisan aussi de notre candidat, lui avait, mais
en vain, donné d'utiles conseils. Il semblerait, d'après
cela, que M. Dusevel aurait laissé presque tout à faire à
ses protecteurs, au lieu de se conformer à la sage maxime :

« Aide-toi, le Ciel t'aidera. »

M. Crapelet, fort bien renseigné par le monde académique et par les postulants sur ce qui se passait à l'occasion des élections, donne par une lettre du 18 mars 1840,
de curieux détails sur les petites guerres que se faisaient
alors les prétendants au titre de correspondant. Mais les
blessés n'en mourraient pas, témoin M. Dusevel, qui n'en
a pas moins vécu jusqu'à 85 ans. Cependant il a été sensible à cet échec.

Un autre incident, arrivé à la fin de 1839, n'affecta
peut-être pas au même degré notre archéologue, mais

(1) Voir lettres explicites et très intéressantes des 5 et 25 avril 1839. Dans la
première, M. Beugnot attribue à l'ancienneté des concurrents et à l'appui qu'ils ont
eu des numismates et des archéologues, la non-réussite de M. Dusevel ; « mais,
les amis du moyen-âge, ajoute-t-il, sauront bien prendre leur revanche en votre
faveur. »

néanmoins ce fait avait un intérêt particulier, et il a eu son importance et son retentissement : M. Dusevel donna sa démission de membre de la Société des Antiquaires de Picardie, pour motif de santé. Le président, M. le Sérurier, avant de remettre cette démission sur le bureau, écrivait le 7 novembre à son collègue : « Je regretterai en mon particulier et la Société regrettera avec moi de perdre l'un de ses fondateurs, dont les travaux lui ont été et pouvaient lui être longtemps encore d'une si grande utilité ». M. Dusevel ayant persisté dans son intention, sa démission fut acceptée le 13 novembre.

On sait que le motif de santé était un prétexte qui avait servi à dissimuler la véritable cause de cette regrettable retraite. Les débats avaient été amenés surtout par un refus que la Société avait fait de remettre à l'évêché des tableaux de la confrérie Notre-Dame du Puy, confiés pour être exposés au Musée. M. Dusevel, qui avait contribué à obtenir ces tableaux, à la condition de les restituer après la clôture de l'exposition, dût, pour maintenir sa promesse, soutenir la cause du prélat. Voilà le fait.

Je n'entrerai pas ici dans les détails de cette querelle d'antiquaires ; il n'y a souvent que trop de divisions, de mesquines jalousies dans les Sociétés savantes; la conciliation n'est pas toujours possible, lorsque la crise est aiguë, et il paraît que c'était le cas. M. Dusevel a donc pris le meilleur parti, selon lui : se retirer et travailler ensuite librement, cela à son avantage, en maintes circonstances.

Aussitôt que le bruit de cette démission se fut répandu, de nombreuses lettres de condoléances arrivèrent au démissionnaire ; M. Mangon de Lalande, lui écrivait de

Poitiers, le 5 janvier 1840 : « Je suis fâché que vous ayez abandonné la partie à Amiens ; je conçois bien vos contrariétés, mais où n'en rencontre-t-on pas ? Mon opinion est qu'il faut, quand on a raison, rester et faire face à l'orage. Mais je ne me permettrai pas de vous blâmer. »

Le savant Tailliar, de Douai, disait : C'est une perte grave d'être privé du concours de vos lumières et de votre laborieuse activité. Les contrariétés sont fréquentes dans toutes les compagnies savantes, et si l'on voulait on serait toujours prêt à jeter le manche après la cognée. » (Lettre du 6 janvier 1840.)

« Je ne conçois pas une Société d'antiquaires sans vous ; de nous tous vous êtes celui qui avez le plus de valeur, » lui écrivait son collègue Chandon, maire de Montdidier, (6 février 1840.)

De tels témoignages, dont je pourrais multiplier les expressions, ne sont-ils pas caractéristiques du mérite de celui auquel on les adressait et de la sympathie dont il était généralement entouré ?

Quinze ans après, en 1855, M. Dusevel rentrait cependant dans la Société des Antiquaires, où il fut accueilli par un discours très flatteur de M. le président de Roquemont.

Il prit sa retraite définitive en 1879, et fut alors nommé membre honoraire.

§ II. — 1850-1881.

En parcourant l'œuvre de M. Dusevel pendant ces trente années, nous aurons encore à signaler plus d'un excellent travail. L'écrivain n'avait pas dit son dernier mot ; il rassembla des documents nouveaux, qui joints à ceux qu'il possédait déjà, formaient une source précieuse, où il n'avait qu'à puiser pour en faire jaillir une monographie, un article de journal ou de revue, une communication au Comité des travaux historiques, à quelque Société savante, ou à un collègue, sans tarir son abondant trésor.

Ne trouvait-il pas, en outre, ample matière à exercer sa plume à propos des monuments historiques, dont la surveillance lui incombait, comme aussi à l'occasion des autres fonctions, également gratuites, qu'il remplissait avec autant de zèle que s'il avait été généreusement payé et récompensé.

On verra, par ce qui suit, que la vie du savant, de l'érudit et du fonctionnaire n'a pas cessé, pendant cette dernière période, d'être laborieuse et utile.

Nous rencontrons, en première ligne, une publication qui devait être très importante comme texte, et avoir en outre pour attraits des dessins de M. L. Duthoit. En voici le titre : *Le Département de la Somme, ses monuments anciens et modernes, ses grands hommes et ses souvenirs historiques.*

Malheureusement cet ouvrage n'a pas été continué ; il a dû être abandonné, en 1858, faute d'un nombre suffisant de souscripteurs. Et puis, il faut le dire, le texte n'était pas entièrement rédigé et le dessinateur devint souffrant ;

cependant tout cela n'aurait occasionné que des retards, si l'argent était venu abondamment.

Deux autres publications qui ne sont pas restées en détresse, parce que M. le duc de Luynes en avait fait les frais, ont vu le jour en 1853. Ce sont les *Première et deuxième Lettres à M. le duc de Luynes sur quelques types de l'Art chrétien,* in-4°.

Ces lettres intéressantes, tirées sur beau papier, et à un petit nombre d'exemplaires étaient destinées, en grande partie, aux amis du noble duc, ou à ceux de l'auteur.

Un petit livre qui a eu beaucoup de succès a paru en 1858, sous le titre de : *Recherches historiques sur les ouvrages exécutés dans la ville d'Amiens par les maîtres de l'œuvre, peintres, verriers, brodeurs.... du XIV° au XVI° siècle.*

Ce titre n'en finit pas; il me semble qu'il eût été plus simple de dire : par divers artistes. Mais à cela près, l'ouvrage est excellent, et renferme de curieux et utiles documents.

Vingt autres publications, morceaux en partie détachés de la grande histoire de Picardie, ou monographies, tels que les *Souvenirs des villes de Picardie,* les extraits du *Mercure de France,* et ceux du *Roman d'Abladane,* les *Documents sur Abbeville et ses environs,* les *Archives du château de Lucheux,* les *Joueurs de Farces,* le *Prince des Sots, Amiens au XV° siècle,* etc. sont des fragments historiques curieux, et qui seront toujours lus avec intérêt, agrément et profit. Ces publications ont été plus amplement décrites dans ma première notice. J'ajouterai ici la liste suivante de quelques brochures omises dans ce travail.

1. Comptes-rendus de quelques nouveaux ouvrages,

Amiens, Yvert, 1842, in-8°. Tirage à part de la *Gazette de Picardie*. Ces comptes-rendus concernent : *La Chronique des religieux de Saint-Denis*, publiée par M. Bellaguet ; les *Tapisseries historiées*, par A. Jubinal, etc.

2. *Recherches historiques sur les premiers temps de l'abbaye de Corbie*. Amiens, Caron-Vitet, 1842, in-8° de 16 pages. Extrait des *Archives de Picardie*.

3. *Lettre à M. J. Boucher de Perthes sur une excursion archéologique et artistique dans l'arrondissement d'Abbeville*. Abbeville, Jeunet, 1852, in-8° de 24 pages. Extrait des *Mémoires de la Société d'Emulation d'Abbeville*.

4. *Quelques notes et lettres ayant rapport à l'ancien château de Chaulnes*. Amiens, Lenoël, 1876, in-8° de 6 pages. Tirage à part de *la Picardie*.

Il a inséré aussi dans *la Picardie*, mais non fait tirer à part, entre autres notices : *Notes sur l'histoire et les monuments de Calais, 1867 ; Chapelle du Saint-Esprit de Rue ; Coup-d'œil sur quelques dessins et gravures remarquables de monuments existant dans le département de la Somme ; Quelques voyages modernes*, article de 21 pages relatif aux monuments et antiquités de plusieurs villes et villages de Picardie, 1867.

La collaboration de M. Dusevel à divers ouvrages (1), revues, journaux, n'a pas été, pendant une partie de l'époque qui nous occupe, moins active que par le passé. Il livrait le fruit de ses recherches aux uns et aux autres avec une telle générosité que plusieurs savants, ses amis, lui ont fait remarquer avec raison qu'il eût mieux fait de

(1) Les publications de Florentin Lefils, entre autres, notamment : *Montreuil, Le Crotoy, Saint-Valery, Rue*, sont annotées par notre érudit.

mettre en œuvre par lui-même tant de curieux documents, dont il ne lui revenait que de beaux remerciements, tandis que ceux qui les employaient en retiraient profits et honneurs, voir même des couronnes académiques (1).

Il faut pourtant reconnaître qu'à partir de 1865, notre intrépide chercheur prodiguait moins ses trésors. Ne devient-on pas, avec l'âge, un peu avare en toute chose ?

Les pièces fournies à Augustin Thierry pour l'*Histoire du Tiers-Etat*, sont forts nombreuses et choisies parmi les plus intéressantes et les plus curieuses de celles copiées par M. Dusevel, dans les Archives municipales d'Amiens. On lit à ce sujet ce qui suit dans les lettres ministérielles :

« M. Augustin Thierry a pris communication du travail remarquable que vous avez adressé sur un curieux manuscrit de l'hôtel-de-ville d'Amiens, qui contient les statuts des communautés d'arts et métiers de cette ville; il vous remercie, ainsi que moi-même, du zèle avec lequel vous concourrez à la recherche des monuments inédits de l'*Histoire du Tiers-Etat*. » (Lettre du 5 avril 1837).

Signé : Guizot. »

« Je vous remercie des 62 copies que vous m'avez fait l'honneur de m'adresser (114 copies en tout ont été envoyées) pour l'*Histoire du Tiers-Etat*. J'ai retrouvé dans ces copies le soin que vous ne cessez d'apporter à tous les envois que vous faites. Je vous dois des félicitations pour les notes historiques que vous y avez ajoutées.

Signé : Villemain, 23 juin 1839. »

D'un autre côté, M. Jean Wanoski, professeur attaché à la rédaction de cette histoire, disait :

« Je m'estime heureux d'avoir eu l'occasion de me trouver en relations avec un homme qui est connu, par la sagacité de ses vues historiques et par son érudition. (29 octobre 1839.) »

(1) Plusieurs lettres attestent ces faits.

Une autre fois le ministre écrivait, ou faisait écrire :

« Je partage entièrement votre opinion sur l'utilité qu'il y aurait a recueillir dans les anciens inventaires d'Archives, la mention des pièces relatives à l'histoire des communes et des corporations d'arts et métiers. » (Lettre du 4 décembre 1839).

Signé : VILLEMAIN. »

« M. Augustin Thierry me charge de vous témoigner sa reconnaissance pour le concours que vous avez bien voulu lui prêter ; il est sur le point de mettre sous presse les chartes de la ville d'Amiens, qui, comme vous le savez, doivent former le premier volume de la collection, et il espère pouvoir compter plus que jamais sur le secours de votre science et de vos lumières. » (Lettre du 18 décembre 1839).

Signé : DELPIT. »

Je signalerai aussi les documents et le rapport envoyés par notre historien au ministre, relativement aux Archives du département de la Somme, et dont il lui fut accusé réception dans les termes suivants :

« La Commission des Archives vous remercie de vos intéressants documents et vous prie de lui communiquer les renseignements que vous avez pu recueillir de nouveau sur la situation des diverses Archives comprises dans l'étendue du département de la Somme. Je désire seconder par tous les renseignements dont je dispose le zèle si louable qui vous porte à vous associer aux travaux de la Commission. » (Lettre du 21 juillet 1841.)

Signé par le SOUS-SECRÉTAIRE D'ÉTAT. »

Dans une lettre ministérielle du 24 août 1839, il est dit que Dom Grenier et les autres bénédictins n'ont souvent pris que des extraits insuffisants ou simplement indicatifs dans les registres de l'hôtel-de-ville d'Amiens. Les copies complètes et soignées de M. Dusevel étaient, avec raison, considérées comme préférables.

Parmi les ouvrages projetés par M. Dusevel, il en est un que l'on doit regretter de n'avoir pas vu paraître, c'est *la Picardie au moyen-âge* et à la renaissance, travail auquel M. le baron de la Fons devait donner son concours.

Divers documents avaient déjà été réunis dès 1842, lorsque ce projet fut abandonné ; ces documents ont été utilisés dans les ouvrages de Roger et ailleurs.

M. Dusevel projetait de publier un grand ouvrage en deux volumes, grand in-4°, intitulé : *Dictionnaire archéologique et historique du département de la Somme*. Cette publication devait être ornée de 100 dessins, par L. Duthoit, mais, faute de souscriptions suffisantes, ce projet n'a pas été exécuté.

Notre écrivain songeait aussi à publier diverses notices, dont il avait recueilli en partie les éléments, et qui auraient porté les titres suivants :

1. *Documents inédits sur les principaux événements survenus en France, pendant les XVe et XVIe siècles,* tirés des registres aux délibérations de la ville d'Amiens ;

2. *Lettres des rois, princes et grands personnages adressées à l'Echevinage d'Amiens,* pendant le même temps ;

3. *Curiosités historiques et archéologiques sur la Picardie ;*

4. *L'art en Picardie ;*

5. *Chartes curieuses de Picardie ;*

6. *Souvenirs anglo-français de la Picardie ;*

7. *Etude sur les monuments et illustrations de Picardie.*

Les divers ouvrages publiés par M. Dusevel ont eu pour la plupart les honneurs d'un grand nombre de citations.

CHAPITRE III.

SUITE DES TRAVAUX, NOUVELLES RECHERCHES, PROJETS D'HISTOIRE DE
PICARDIE ET AUTRES ; RÉSUMÉ ET APPRÉCIATION DE LA VIE LABORIEUSE
DE L'AUTEUR.

Nous avons dit précédemment que toutes les publications faites par notre historien n'avaient pas épuisé les immenses documents réunis par lui ; cela est vrai, et l'on trouvera encore un grand nombre de pièces inédites dans ses copies des archives, ses extraits, ses notes. Classer séparément tous ces matériaux, reconnaître chaque document, eût été assurément un travail des plus utiles, mais il faudrait employer des années à une telle vérification. Nous avons donc dû nous borner à faire un classement général, c'est-à-dire à réunir d'abord tout ce qui a rapport à l'histoire de la Picardie, publié ou non ; ensuite ce qui concerne particulièrement l'histoire du Département de la Somme et ses arrondissements ; puis, ce qui peut servir à une troisième édition de l'*Histoire d'Amiens* ; et enfin, sous le titre de mélanges ou monographies, nous avons placé beaucoup de notes et de pièces qui peuvent avoir un emploi multiple. M. Dusevel a souvent écrit sur ces documents : *bon* ou encore : *pour troisième édition ; supplément ; pas dans Augustin Thierry*, ce qui prouve, en général, que la pièce n'a pas été publiée, comme nous l'avons, en effet, constaté pour quelques-unes : mais on ne peut tirer de ces annotations une certitude complète, même lorsqu'on y lit le mot *inédit*. Notre vérification ne pouvait porter sur des centaines de pièces, et il peut arriver que malgré le soin pris par

M. Dusevel lui-même d'indiquer ce qui a été ou non publié, des erreurs aient été commises.

Nous avons également classé à part les dossiers relatifs aux monuments, et ceux qui concernent le Comité des travaux historiques et diverses Sociétés, en y joignant la correspondance particulière à chaque affaire ou question traitée.

Ce commencement d'ordre, si imparfait qu'il soit, pourra du moins faciliter les recherches.

RECHERCHES DANS LES ARCHIVES.

Les recherches faites par M. Dusevel dans les Archives publiques et particulières offrent le plus grand intérêt ; les copies qu'il en a prises sont d'autant plus précieuses aujourd'hui que depuis cette époque l'état des registres, déjà mauvais, n'a pu que s'altérer encore ou même se détruire.

M. Dusevel a écrit, comme avertissement, en tête de ses recueils, les lignes suivantes :

« M. le Ministre de l'Instruction publique nous ayant chargé de faire le dépouillement des archives de la Mairie d'Amiens, au mois de septembre 1838, nous nous sommes livré avec zèle à ce long et pénible travail. Nous avons trouvé une foule de documents précieux pour l'histoire locale et l'histoire de France, dans les registres aux chartes, ordonnances et inventaires que contiennent ces archives. Nous en avons pris des extraits et même copié des pièces entières, pour l'histoire du Tiers-État. »

On prenait autrefois grand soin des archives qui ont été plus tard par trop négligées. On veillait attentivement sur les registres aux chartes, lesquels étaient placés dans une pièce appelée la *Trésorerie*, ainsi qu'il en est fait mention pour le registre *C* :

« Ce present livre fut mis en la trésorerie de la ville le vingt IIIIᵉ de Janvier l'an mil CCCC quatre vingt et quatre, sire Antoine Clabault maieur et Jacques Lenglet le Jone, greffier. »

Entre autres particularités intéressantes pour l'histoire de ces archives, nous ferons quelques emprunts à ces vénérables parchemins.

Le registre *D : Traités et alliances — 1202-1474 —* fut écrit et mis au net par un amiénois, Jean LEFEURE, notaire en la Cour spirituelle, moyennant XI Liv. Après avoir constaté ce fait, M. Dusevel n'a pas manqué d'en relever un autre beaucoup plus intéressant, et d'après lequel ce serait aux ordres du roi Charles V que l'on devrait les traductions en langue française ou vulgaire (1) des principales chartes de la ville.

« En cest livre (coté *D*) qui fut faict du commandement du Roy Charles, qui commença a regner lan de grace mil CCC soixante quatre sont contenues les lettres qui s'ensuivent collationnés par les tabellions, desquelz les lignes sont appres chacune lectre aux originaulx qui sont au tresor des privileges chartres et registres du roy, et sont les lettres en latin translatées en françois par le commandement dudit seigneur. »

(1) Une remarque utile à faire, c'est qu'à partir du xviᵉ siècle, l'emploi des mots picards est assez rare dans la rédaction des délibérations échevinales; il était fréquent, au contraire, dans les siècles précédents. En 1648, on n'entendait plus l'ancien langage, ainsi qu'on le voit dans les nouveaux statuts des pelletiers foureurs, où il est dit : « La langue ni les mots des anciens brefs ne sont plus à présent en usage ny intelligibles. » Pareille observation est faite en 1738. Le dialecte picard et l'ancien français ne s'écrivaient plus dans les actes. Dans les xvᵉ et xviᵉ siècles, l'orthographe des mots n'était nullement fixée et la construction des phrases était parfois obscure et barbare. Le style des délibérations échevinales est un peu celui de la procédure et du notariat, qui s'est conservé si longtemps. Quelques greffiers instruits ont cependant tenu la plume, comme on peut le remarquer.

D'après l'inventaire dressé en 1458, les chartes étaient renfermées tant dans deux *aumoires* de la trésorerie, au premier et au second étage, qu'en des coffres divisés en *enclastres* ou compartiments, étant en l'*œuvrœul des cloquiers* (1) :

1° Près du dressoir, à l'entrée de *huys en l'enclastre* ;

2° Au 2° enclastre, *enssievant dud. premier huchel, devers le courchelle* ;

3° *En ung huchel,* au devant du buffet étant du côté de *le rue,* etc.

L'inventaire de 1551 fut dressé par deux *notaires royaulx,* de Myraulmont et Lemaistre. Les titres se trouvaient encore dans des armoires, grillées, autant que nous pouvons en juger par l'expression *aumailles.* « Une aumaille à six huissetz (petites portes) de bois de chêne ».

Les livres imprimés composant alors, avec quelques manuscrits, la bibliothèque de l'Hôtel-de-Ville n'occupaient pas de pièce particulière ; ils étaient épars un peu partout, en la Chambre du Conseil, en une des *aumailles* du grand bureau couvert de drap vert, en la chambre *hault* dite aux *mallartz ;* là on inventorie entre autres : *ung livre de parchemin couvert de bois mengé dartaize.* Mais, en revanche, il s'y trouvait un objet qui n'était pas, comme les papiers, piqué des vers : « ung petit coffre doré et *aumaille,* garni de huit pommes mordorez servant à mettre les clefz des portes de la ville d'Amiens pour les présenter au Roy quand il vient en lad. ville (2) ».

(1) La maison et dépendances des *cloquiers,* situées au marché aux fromages, tenait à la maison de Pierre *Piedeleu* et à celle des filles de *Piérron de Canaples* et aboutissait à la ruelle tenant au *Moustier Sainct-Martin.*

(2) La perte de cet objet d'art est fort regrettable.

On mettait en lieu moins sûr et moins luxueux des Lettres royales en parchemin, dont plusieurs furent découvertes dans *ung pennyer* en forme de *corbeillon*. Il est vrai qu'il s'agissait des titres établissant la *réduction de la ville en 1470*. Les notaires royaux ont soin de constater qu'ils ont remis les pièces audit pennyer, *où il y a aussi* plusieurs autres pièces concernant les *turbiers*.

C'était parfois à contre cœur que l'échevinage se voyait contraint, par ordre royal, de mentionner sur ses registres certaines protestations comme celle qui eut lieu contre le cumul des emplois par les échevins : « estant chose fort » estrange, pernicieuse et mal seante de veoir que les » échevins veuillent estre et soient capitaines et eschevins » tout ensemble, pour s'attribuer plus d'autorité et s'auto- » riser d'autant plus dans lad. ville ». (Lettre du roi, (1588) (1).

(1) Dans ce bon vieux temps, des discordes violentes éclataient par moments, entre le maleur et les échevins, comme le prouvent certaines délibérations, entre autres celle ci-après transcrite :

« Touchant les injures dites à M. le Maleur, par sire Nicolas Fauvel, eschevin a esté conclu et délibéré que pour la ville Me Raoul Lecouvreur, avocat, procèdera afin que pour lesd. injures led. Fauvel soit condempné présent, déclare en eschevinage que à tort il a injurié mond. Sr le maleur et mesd. Srs en disant lesd. injures qui ne sont point véritables et quil ne les veult soustenir, quil soit privé de leschevinage et condempsé à IIᵉ parisis à emploier à la fortification de la ville. » (*Reg. aux délibérations*, 13 décembre 1508.)

Le maréchal de la Grutuse aurait voulu pacifier ce débat et éviter que mention en fut faite dans les registres de la ville. (Lettre du 16 novembre 1508.)

D'un autre côté, l'arbitraire se montrait un peu partout, et n'était pas toujours toléré sans protestation ; cet absolutisme était tempéré alors par quelques mesures plus équitables, mais toujours discrétionnaire. Pour bien juger cette époque, il faudrait autre chose encore que les registres municipaux, il serait nécessaire de connaître les plaintes et les désirs des populations, dont les cahiers ne pouvaient être dressés par les intéressés.

Est-ce à dire que l'on a fait beaucoup mieux depuis, avec tout un arsenal de lois

HISTOIRE DE PICARDIE.

M. Dusevel avait conçu de bonne heure le projet de publier une histoire générale de la Picardie ; on trouve dans ses papiers plusieurs notes indicatives du plan qu'il se proposait d'adopter. Dans ce but, il avait réuni de nombreux documents copiés par lui, en majeure partie, dans diverses archives, ou extraits de livres et manuscrits. Ces pièces et notes sont contenues en des liasses et paquets, et aussi dans un volume in-f°, demi reliure, recueil écrit de la main de M. Dusevel, et de celle de son frère Eugène ; il est intitulé : *Documents sur l'histoire de Picardie et du département de la Somme, extraits de divers manuscrits, 1840.*

Ce volume comprend 582 pages, plus un feuillet pour la table des principaux documents transcrits dans ce recueil. En homme consciencieux, M. Dusevel, dit dans un avertissement, que quelques copies peuvent être incorrectes, à cause du manque de temps qu'il a souvent éprouvé pour faire ces copies. D'un autre côté, ce travail pénible avait causé à son auteur un affaiblissement de la vue assez marqué, mais qui ne fut heureusement que momentané, car il a pu plus tard, et jusqu'en 1876, reprendre ses études dans diverses archives, parfois fort difficiles à déchiffrer, et qu'il lisait encore sans lunettes, à l'âge de près de 80 ans. Le résultat de ces nouvelles recherches se trouve dans les liasses et cartons dont il vient d'être parlé,

et de règlements, appliqués par des hommes qui ont aussi leur caractère et leurs passions ? C'est une question qui n'est pas à étudier ici, et sur la solution de laquelle on sera encore longtemps divisé. Les institutions se modifient d'ailleurs selon les idées de chaque époque.

mais rien n'est encore rédigé, sauf les minutes des monographies et fragments, qui ont déjà été publiés.

C'est donc à l'état de simples matériaux que se trouvent les documents dont il s'agit, et tout au plus pourrait-on trouver là les éléments de quelques articles séparés, comme M. Dusevel aimait assez à en faire pour les journaux ou pour les revues. Il espérait sans doute arriver à compléter ces renseignements, car il est souvent question dans sa correspondance de la réalisation de son projet. Il a même publié dans *la Picardie, 1862-63*, des articles intitulés : *Lettres à M. V. (incent) sur une nouvelle histoire de Picardie.*

M. le duc de Luynes, avait patriotiquement et généreusement offert, dès 1860 (1), de supporter la plus grande partie des frais de cette vaste publication.

« Ne vous découragez pas, je vous supplie, disait-il, de terminer votre histoire de Picardie, ma promesse subsiste entière, mais pour un travail entier. Nous ne sommes plus ni l'un ni l'autre des adolescents, je ne puis laisser cette charge à mes héritiers, si je meurs avant son achèvement. »

M. de Luynes ne voulait pas consentir à une publication partielle, par « lambeaux » comme l'aurait désiré notre historien. C'est ce qui fait qu'il ne fut pas donné suite au projet, impossible d'ailleurs à réaliser avec les seuls documents existants.

DÉPARTEMENT DE LA SOMME.

Il existe sur le département de la Somme, en particulier :
1. Un volume in-f°, demi reliure, manuscrit intitulé :

(1) Lettre du 28 avril, datée d'Hyères, où se trouvait le noble et savant académicien.

Mélanges pour servir à l'histoire des principales villes et communes de l'Amiénois, du Ponthieu, du Santerre et du Vimeu, extraits de plusieurs manuscrits, 1836.

Ce volume comprend 446 pages, plus 3 pages de table.

Sur le feuillet, au revers du titre, on lit :

« Les pièces que contient ce recueil sont assez précieuses, elles ont été tirées de manuscrits existant à la bibliothèque d'Amiens, aux archives des mairies de Péronne et Montdidier, de la citadelle de Doullens, et des châteaux d'Heilly et d'Hénencourt. Elles me seraient utiles si je venais à publier, comme je me le propose, une nouvelle édition de la *Description du département de la Somme*. Amiens, ce 20 avril 1836.

Signé : H. Dusevel. »

On trouve dans ce volume plusieurs fac-simile de sceaux et de signatures. Quelques pièces ont été publiées.

2. *Diverses liasses, cahiers et feuilles volantes*, rédigés en majeure partie, mais fort abrégés, concernant l'histoire d'une grande partie des communes du département de la Somme, surtout au point de vue archéologique et monumental. Ces pièces pourraient être fort utiles pour un dictionnaire ou répertoire archéologique.

3. *Documents sur Doullens et autres*, décrits dans le chapitre Ier.

4. N'oublions pas de signaler ici, parmi les documents en partie inédits, le *Mémoire sur les antiquités du département de la Somme*, contenant 315 pages in-fº, couronné par l'Institut, en 1835, et dont il a été déjà parlé.

Nous croyons que M. Dusevel a extrait de ce mémoire plusieurs passages pour les insérer dans ses publications.

COMITÉ DES TRAVAUX HISTORIQUES, 1835-1878.

Dans la liste des communications faites par M. Dusevel au Comité des travaux historiques, on trouvera certainement l'indication de renseignements utiles et précieux pour l'archéologie et l'histoire en Picardie.

La nomination de M. Dusevel au titre de correspondant du ministère remonte à l'organisation du Comité, en 1835.

Dans une lettre signée de Tourville, du 10 octobre 1836, je trouve cette mention :

« Je vous remets votre lettre de M. Guizot, elle est à conserver, comme témoignage aussi juste qu'honorable de vos bons travaux. »

Cette lettre qui n'a pas été retrouvée est sans doute celle qui annonçait au jeune historien sa nomination au titre de correspondant (1). Il n'y en avait alors que 87 pour tous les départements. Le 5 avril 1838, il fut nommé membre non résidant.

Le 28 août 1837, M. de Salvandy, ministre de l'instruction publique, en remerciant M. Dusevel de l'envoi d'un dessin du sceau de la commune d'Amiens ajoutait :

« J'apprécie tout l'intérêt de votre communication en ce qui concerne les précieux matériaux renfermés dans les archives des cours royales et des tribunaux civils. Je me suis empressé d'écrire à M. le garde des sceaux pour le prier d'adresser à MM. les premiers présidents et procureurs généraux une circulaire qui ouvre et facilite l'accès des greffes et autres dépôts à tous les correspondants du ministère de l'Instruction publique et qui les autorise à prendre copie des anciens actes. »

____

(1) On a vu au chapitre II, une autre lettre élogieuse de M. Guizot.

C'est donc sur l'initiative de M. Dusevel que cette importante décision a été prise.

Le ministre dit encore :

« Je dois aussi vous informer que, d'après une décision que j'ai prise, la collection confiée à M. Augustin Thierry reproduira le texte entier de tous les actes relatifs à l'histoire des communes et des corporations industrielles qui auraient été imprimés à petit nombre. Je compte sur le concours de votre zèle et de vos lumières pour la réunion de tous les matériaux publiés dans votre département qui vous sembleraient de nature à prendre place dans la collection des monuments de l'histoire du Tiers-Etat. »

Une autre lettre ministérielle du 9 avril 1839 renferme ce passage :

« Grâce à votre coopération et à votre zèle éclairé, le recueil des actes de l'histoire municipale d'Amiens présentera un ensemble très complet et très satisfaisant. »

Beaucoup d'autres envois au Comité ont valu à son correspondant de vifs remerciements ; nous citerons entre autres :

Une lettre du 3 mai 1841, par laquelle M. le ministre Villemain, remercie M. Dusevel, de vouloir bien rédiger le texte descriptif des *Principaux monuments de l'arrondissement de Montdidier*, dont les dessins devaient être exécutés par M. Duthoit.

Le ministre ajoute :

« J'apprécie vivement, Monsieur, cette nouvelle preuve de votre zèle désintéressé pour nos travaux historiques, et je vous en remercie particulièrement. »

Son travail sur l'*Architecture, la Sculpture et la Peinture à Amiens, aux XVe et XVIe siècles*, fut aussi des mieux accueilli (1842).

Le secrétaire du Comité rendait ainsi hommage à ses travaux :

« Je vois que vous faites marcher de front avec la même activité, vos travaux pour le ministère de l'Intérieur, (c'est-à-dire ceux relatifs aux monuments historiques) et votre correspondance avec l'instruction publique. »

Ses curieux documents sur l'*Histoire de la Ligue du bien public*, ont été imprimés dans le *Bulletin du Comité de 1853*.

Nous ne poursuivrons pas plus loin cette énumération. Il suffit d'avoir reproduit ici ces divers témoignages de zèle et de dévouement pour caractériser les rapports de M. Dusevel avec le Comité, et donner une idée de l'intérêt offert par les communications qu'il a faites pendant près d'un demi-siècle. Il est regrettable que des travaux de cette nature, qui portent la lumière dans l'archéologie et dans l'histoire ne reçoivent pas une plus grande publicité que celle de la Revue des Sociétés savantes, pour arriver à la connaissance sinon de tous, au moins du plus grand nombre.

La plus haute récompense reçue du ministère par M. Dusevel est celle d'officier de l'Instruction publique, (7 novembre 1861).

« Je suis heureux, disait le secrétaire général du ministre, dans sa lettre d'avis du 17 novembre, d'avoir à vous faire part d'une décision que vous voudrez bien considérer comme une nouvelle marque du prix que Son Excellence attache à vos travaux. »

MONUMENTS HISTORIQUES, 1839-1878.

C'est en 1839 que M. Dusevel fut nommé inspecteur des monuments historiques, et malgré sa compétence indiscutable, il se trouva des jaloux pour murmurer; mais un archéologue distingué qui connaissait la valeur du nouvel inspecteur écrivait le 8 janvier 1840 :

« Le titre d'inspecteur des monuments historiques n'est qu'un hommage rendu à vos services et à vos connaissances archéologiques, et je suis étonné qu'il ait pu se rencontrer quelqu'un pour vous le contester ! (Lettre de Woillez) ».

Une foule de documents relatifs aux monuments historiques, tels que rapports, états, devis, mémoires, notices, correspondance administrative et particulière, se trouvent en diverses liasses.

Nombre de ces pièces peuvent fournir d'utiles renseignements et de curieux détails pour l'histoire de ces monuments.

On y verra que, sur l'initiative de notre inspecteur plusieurs monuments ont été classés et rétablis; que les anciennes verrières, les objets artistiques ornant les églises ont été inventoriés et décrits; que des tableaux, notamment ceux de l'église de Saint-Riquier, ont été restaurés; on y trouvera, enfin, la preuve de bien d'autres services de ce genre, rendus par l'inspecteur, ami des arts.

On trouve aussi dans ces volumineux dossiers, les témoignages les plus flatteurs pour l'inspecteur, non seulement de ses supérieurs hiérarchiques, mais aussi d'un grand nombre de fonctionnaires et de personnes notables.

Le zèle du conservateur n'a eu cependant d'autre récompense de son dévouement, en sus des compliments, qu'une médaille spéciale du ministère de l'intérieur. MM. Vitet, Villemain, Salvandy de Pastoret, lui avaient promis beaucoup mieux, mais hélas ! les hommes oublient ou disparaissent et la promesse s'évanouit.

M. le surintendant des beaux-arts lui avait également annoncé que ses titres à la décoration de la légion d'honneur ne seraient pas oubliés en 1867 ; mais il y avait alors tant de compétitions que ce ne fut pas le mérite, mais la faveur, l'adresse de certains postulants et leur servilité, qui devaient l'emporter.

M. Dusevel qui avait exercé les fonctions d'avoué, était assurément l'un des conservateurs les plus aptes à s'occuper de la législation relative aux monuments, aussi avait-il conçu, dès 1841, le projet d'un code spécial. Nous trouvons, sur ce sujet, un cahier de 28 pages in-f°, intitulé : *Notes pour servir à la rédaction du Code monumental.*

Dans ce travail, l'auteur a consigné ce que l'on pourrait appeler la jurisprudence pratique applicable aux monuments, nécessaire pour résoudre les difficultés de toute nature qui se présentent souvent dans l'exercice des fonctions d'inspecteur.

Ce mémento peut encore être d'une grande utilité et épargner bien des recherches dans les ouvrages de droit et de jurisprudence.

Le cahier est fatigué ; on voit qu'il a servi souvent.

SOCIÉTÉS SAVANTES.

M. Dusevel avait été nommé membre correspondant d'un grand nombre de Sociétés savantes, et à toutes il a adressé des communications, mais c'est surtout à la *Société des Antiquaires de France* dont il était membre depuis le 10 janvier 1830, qu'il envoyait d'importants travaux. Signalons notamment, ceux insérés dans le neuvième volume, relatif à des fouilles et découvertes dans le Ponthieu, et des remarques sur l'ancien dicton : *Le Damoisel d'Amiens,* (1834) ; *Lettre du mayeur d'Amiens à ses concitoyens, à l'occasion des funérailles du Dauphin, (Charles VIII), avec Marguerite d'Autriche; Essai sur l'ancien château d'Amiens, 1836; Lettre de Philippe le Bon; Relation de l'entrée de Charles VII à Paris, en 1437 ; 1838 ; Tableau d'une bonne ville de France au XVe siècle,* etc.

M. Alfred Maury, secrétaire de la Société, informait M. Dusevel, le 29 juin 1844, que son *Mémoire sur les églises de Conty et d'Airaines,* ayant subi l'épreuve de deux lectures, avait été admis par la Société pour être imprimé.

Dans les envois faits à la *Société de l'histoire de France,* on trouve entre autres : l'*Entrevue de Picquigny ; Chronique sur l'abbaye de Corbie; Observations sur Froissart ;* des articles nombreux insérés dans les *Mémoires de Philippe de Commynes,* publiés sous les auspices de cette Société, par Mlle Émilie Dupont, en 1840.

M. Dusevel avait été admis dans cette Société le 1er septembre 1834, et n'y resta que pendant quelques années.

On trouve dans les *Mémoires des Antiquaires de Picardie* et dans ceux de la *Société d'Emulation d'Abbeville* des notices et rapports dont nous avons déjà parlé (1).

Le titre de membre correspondant de l'Académie de

---

(1) Nous avons déjà dit, page 15, quelle fut la part que prit M. Dusevel à la fondation de la *Société des Antiquaires de Picardie.* Voici comment l'explique M. Bouthors, dans son discours du 11 janvier 1862.

« Le 28 février 1836, quinze fondateurs ont apposé leurs signatures sur l'acte que

Rouen, lui avait été conféré en 1832. Il faisait aussi partie des Sociétés de Saint-Quentin, de Poitiers, depuis 1832, de l'Académie royale de Belgique, etc.

Lorsque l'on créa à Amiens la *Société des Amis des Arts, en 1835*, l'Administration municipale pria M. Dusevel de contribuer à son organisation. (Voir lettre du maire, du 5 novembre 1835.)

Le conseil d'Administration de la *Société d'encouragement du département de la Somme pour l'instruction par la méthode d'enseignement mutuel,* l'avait inscrit au nombre des adhérents le 23 mai 1828.

La *Société* ou *Comité historique de Notre-Dame de France,* fondée en 1855, comptait M. Dusevel parmi ses membres, qui étaient des savants tels que : MM. Lacabane, de Valroger, Ch. Cahier, de Caumont, A. Nicolas, Léopold Delisle, etc. C'est dans les termes suivants que M. Dusevel promettait son concours le 16 mars 1856 :

« J'accepte volontiers le nouveau titre que vous me proposez, je m'empresserai de vous adresser des notes et des renseignements sur plusieurs parties de votre programme. Les études auxquelles je me suis livré depuis longtemps sur l'iconographie de la Vierge, les chapelles élevées en son honneur, les différents noms sous lesquels

j'ai eu l'honneur de préparer. Les premiers confidents du projet furent : MM. Dusevel et Guérard, en novembre 1835. M. Dusevel, déjà connu par de savantes publications a eu le bonheur de voir ses démarches couronnées d'un plein succès, car elles nous valurent les adhésions de M. le marquis de Clermont-Tonnerre, de M. le comte de Reiz, de MM. Auguste Leprince et Ledieu, père, Edouard Batler, Dauthuille, l'abbé Vincent, Duthoit. La maison de M. Guérard, rue des Jeunes-Mâtins, fut le lieu de la première réunion. C'est là que fut signé l'acte de fondation, dont il vient d'être parlé, de cette Association qui fut qualifié ironiquement de Société des *Pots-Cassés,* même par les princes de la cité. M. Dunoyer, préfet de la Somme, ne fut heureusement pas de cet avis, et il appuya sympathiquement les démarches d'autorisation et de subvention. »

elle est révérée dans le nord de la France, me permettront de vous être utile. »

Dès 1837, la *Société française de Statistique universelle*, présidée par le duc de Montmorency, avait fait appel au concours de notre historien.

INSPECTION DU TRAVAIL DES ENFANTS EMPLOYÉS
DANS LES MANUFACTURES.

M. Dusevel, pendant qu'il était avoué, a exercé entre autres fonctions gratuites, celle d'inspecteur, pour l'arrondissement d'Amiens, du travail des enfants employés dans les manufactures. Il fut nommé à cet emploi par arrêté ministériel de la fin de 1841, et il l'a conservé jusqu'en 1856 (1).

Les services qu'il a rendus dans cette mission délicate, où les intérêts des enfants à protéger touchent de si près à ceux des patrons, parfois tout différents, ont été réels et multipliés. Des témoignages nombreux l'attestent, surtout en ce qui concerne l'éducation des jeunes ouvriers.

Il va sans dire qu'alors l'administration prescrivait d'envoyer les enfants « à l'École des Frères », et elle ordonnait aussi de les « préserver contre la contagion des livres pernicieux répandus par le colportage. »

En 1844, les enfants qui fréquentaient l'école du soir, de 6 à 8 heures, n'étaient qu'au nombre de 25; ils

______

(1) M. de Montalembert, qui avait sollicité auprès du Ministre du Commerce en faveur de M. Dusevel, lui écrivait le 19 décembre 1841 : « Je vous félicite sincèrement de votre nomination et ne doute pas que vous n'y trouviez une nouvelle occasion de vous faire honorablement apprécier et par l'autorité supérieure et par vos concitoyens. »

n'étaient admis que s'ils étaient vaccinés, ou s'ils avaient eu la petite vérole.

Le 4 juillet 1848, le Ministre de l'Agriculture et du Commerce, Tourret, écrivait à M. Dusevel :

« Citoyen, je recevrai avec intérêt vos observations au sujet de l'inspection du travail des enfants, et je les ferai joindre aux pièces générales concernant le nouveau projet de loi qui doit être prochainement soumis à l'Assemblée nationale. Quant à votre mémoire sur l'organisation du travail, c'est à mon département que vous auriez à l'adresser et vous pouvez compter qu'il serait examiné avec tout le soin que mérite une si importante question. Salut et fraternité.

Signé : Tourret ».

Je n'ai rien trouvé qui ait rapport à ce dernier mémoire ; cependant il est certain que M. Dusevel songeait à traiter la question intéressante du travail à donner aux ouvriers dans ce moment difficile, ainsi que le prouve une lettre de M. Boucher de Perthes, du 30 juin 1849, dans laquelle on lit :

« Ce que vous dites sur la facilité de procurer du travail aux ouvriers est vrai, et vous ferez là-dessus un article beaucoup mieux que moi. »

CONSEIL DÉPARTEMENTAL DES CONSTRUCTIONS
ET BATIMENTS PUBLICS, SOCIÉTÉ INDUSTRIELLE, ETC.

L'inspecteur des monuments devait naturellement trouver sa place dans le *Conseil des Bâtiments publics du département de la Somme*, organisé le 16 décembre 1872. C'était encore une fonction gratuite que M. Dusevel accepta et qu'il a remplie avec beaucoup de zèle pour son âge ; là, aussi, il a trouvé à exercer sa plume dans de nombreux rapports jusqu'en 1877. Postérieurement, et jusqu'au 12 août 1879, époque à laquelle le Conseil fut renouvelé, M. Dusevel ayant quitté Amiens n'assistait plus aux séances.

Comme membre de la *Société industrielle d'Amiens*, M. Dusevel a fait, en 1864, un rapport intéressant et « très remarquable », dit la lettre de remerciement du 6 juin, (voir *Bulletin, n° IV*), et dans la même année il adressa des notes sur les *Arts industriels dans le département de la Somme, à partir du* xiii° *siècle*. Déjà il avait traité des questions artistiques, comme commissaire à l'Exposition universelle de 1855, et aussi en 1860, à l'occasion de l'Exposition rétrospective d'Amiens.

M. Dusevel n'a pas rendu moins de services à la *Commission des Archives communales et hospitalières*, dont il fut membre de 1848 à 1851.

En considérant l'immense travail accompli par H. Dusevel tant dans l'exercice de ses nombreuses fonctions que comme écrivain, on se demande comment la vie d'un homme, si longue qu'elle fût, a pu suffire à une pareille tâche, et cependant on le sait, elle n'a pas abrégé l'existence de cet intrépide travailleur. Il y a des grâces spéciales aux hommes de sa génération. Il ne l'a cédé en rien aux plus robustes de son temps, si ce n'est peut-être en habileté diplomatique, si nécessaire pour obtenir tout ce qu'il pouvait légitimement espérer (1).

---

(1) M. Dusevel s'échauffait facilement dans certaines discussions orales, et alors il manquait un peu de qualités persuasives, ce qui prouve que les avocats ne sont pas toujours éloquents et entraînants ; mais en revanche, il avait de la réserve et du calme dans ses écrits, dans ses jugements basés sur des raisonnements solides,

Dans ses travaux incessants, il a trouvé sinon l'oubli, du moins un adoucissement à l'injustice, à certaines amertumes, et surtout aux pertes cruelles qu'il a faites coup sur coup des personnes qui lui étaient les plus chères, sa femme et ses enfants.

Il est à regretter que cet écrivain ait dispersé son talent sur un trop grand nombre de sujets, et qu'il ne l'ait pas employé à une grande œuvre comme l'histoire de la Picardie, dont il avait conçu le projet et pour laquelle il a réuni, comme nous l'avons dit, de nombreux matériaux.

Mais, heureusement, M. Dusevel a publié, sous forme de monographies, d'excellents chapitres de cette histoire.

Les *Lettres sur le département de la Somme*, la *Description du même département*, l'*Histoire d'Amiens* (1) sont des œuvres importantes et vivantes, toujours recherchées, ainsi que diverses monographies intéressantes et curieuses. Ses deux *Lettres à M. le duc de Luynes sur quelques types de l'Art chrétien*, sont avec raison très appréciées par les archéologues.

M. Dusevel lutta contre la vieillesse jusqu'à ce qu'il fut

n'hésitant pas au besoin, avant de se prononcer, à consulter les autorités compétentes, dont il invoquait alors victorieusement l'opinion.

Notre écrivain ne se contentait pas de citer avec raison ces autorités respectables, il aimait peut-être un peu trop à faire parade de son crédit auprès d'eux.

On sait aussi combien l'historien d'Amiens aimait à parler du docte professeur d'éloquence sacrée à la Sorbonne, du célèbre orateur de la chaire, aujourd'hui grand dignitaire de l'Église, Mgr Duquesnay, son beau-frère. Ce sentiment naturel, lors même qu'il eût été empreint d'un peu d'orgueil, n'était-il pas justifié et légitime ? Quel est celui qui n'est pas flatté d'avoir un parent ou un allié dans une haute situation, surtout lorsqu'il est doué de talents et de vertus ?

(1) L'*Histoire d'Amiens*, est tellement populaire qu'elle est demandée presque chaque jour à la bibliothèque de cette ville, par des lecteurs de toutes les classes. Cependant ce livre est susceptible de quelques améliorations.

vaincu par elle : à l'âge de 75 ans il s'occupait encore du dépouillement des Archives municipales de Doullens, son pays natal, et vers cette époque, il avait fait dans la même ville des conférences sur l'histoire locale, autorisées par l'Administration supérieure en 1864.

« Personne ne peut certainement s'en acquitter mieux que vous, (lui écrivait à ce sujet son ami Goze), seulement je crains que vous n'ayez pas, dans une si petite ville, beaucoup d'auditeurs susceptibles de vous apprécier. »

En 1865, il trouvait cependant à se faire applaudir par une réunion relativement assez nombreuse, à l'occasion d'une lecture publique qu'il fit sur son compatriote et son parent, Du Fresne de Francheville. Cette biographie a été imprimée dans le *Journal d'Amiens,* le 22 mars 1865.

Ce n'est qu'à 80 ans, en 1876, qu'il donna sa démission d'inspecteur des monuments historiques, et ce ne fut qu'en 1877 qu'il adressa sa dernière communication au Comité des travaux historiques. Dans cette même année, il assista encore à quelques séances du *Conseil des bâtiments publics du département de la Somme,* dont il était l'un des membres zélés et compétents.

Peu de temps après, fatigué et souffrant, il quittait Amiens pour demeurer à la campagne, chez ses petits-enfants, où il reçut pendant quatre ans les soins les plus dévoués, si nécessaires au grand âge (1). C'est à Senarpont

(1) Antérieurement et à diverses reprises, M. Dusevel avait quitté Amiens, la première fois, en mai 1856, pour habiter Paris, auprès de son fils, de retour à Amiens, à la fin de 1857, il s'éloignait de nouveau en 1861, à cause de la mauvaise santé de sa femme. Il habita Doullens, jusqu'au 12 novembre 1863, époque à laquelle il revint se fixer à Amiens, qu'il ne devait plus quitter définitivement qu'en avril 1877, après avoir perdu successivement son gendre, sa femme, sa belle-fille, son fils, et sa fille.

qu'il est mort, après quelques jours de maladie, ou plutôt de faiblesse, le 5 avril 1881 (1). Il a été inhumé à Doullens.

Notre écrivain est demeuré pendant toute sa vie fidèle au moyen-âge, non pas à ses institutions dont il a signalé les abus, mais à ses monuments qu'il admirait, notamment la belle cathédrale d'Amiens, qui en est un des types les plus parfaits. Les soins qu'il avait pris durant de si longues années pour la conservation de ces chefs-d'œuvre de l'art, expliquent son amour pour eux.

H. Dusevel ne rejetait d'ailleurs aucune des formes et des transformations du style monumental, pourvu que les règles artistiques de chaque époque fussent observées.

Chercheur et curieux en toutes choses, explorateur ardent, il savait que les sciences ne peuvent rester stationnaires, et les nouvelles découvertes ne manquaient pas de l'intéresser. Cependant, il ne prit pas une part active aux travaux de ceux qui, il y a quelque trente ans, ont dirigé leur objectif vers les temps préhistoriques; travailleur d'une autre époque, il sentait qu'à une science nouvelle, il fallait des hommes nouveaux, passionnés pour elle. On ne le trouvait jamais parmi ceux qui niaient la lumière, mais il se contentait d'en suivre et d'en constater les progrès.

En dépit de ceux qui auraient désiré un silence absolu sur M. Dusevel, même après sa mort, ses travaux s'imposent, et il n'est pas au pouvoir de quelques-uns de les faire

____

(1) Je fus immédiatement informé de cet événement par le petit-fils du défunt qui, dans sa lettre écrite sous l'émotion d'une perte aussi cruelle, me donnait les détails les plus touchants. M. Dusevel voyant sa fin approcher dit : « Je suis perdu. » Et avec une lucidité parfaite, il donna ses dernières instructions. Deux jours auparavant il avait reçu les sacrements avec une grande fermeté.

condamner à l'oubli. Ses œuvres, on l'a dit avant moi, sont « de nature impérissable » parce qu'elles reposent sur des bases solides, des documents originaux. Les titres qu'il s'est acquis à la reconnaissance de son pays ne sont donc pas contestables ; ils méritent que leur souvenir soit rappelé et fixé dans cette biographie, dictée par un sentiment de justice et d'équité.

CHAPITRE IV.

CORRESPONDANCE.

Dans les chapitres qui précèdent, je n'ai cité la correspondance de M. Dusevel que pour éclairer ou justifier certains faits. Je vais en faire un examen spécial, et en donner quelques extraits qui pourront intéresser les lecteurs.

I

M. César Roussel, de Saint-Valery-sur-Somme, qui fut, pendant de longues années, un des premiers et des fidèles correspondants de M. Dusevel, lui faisait connaître en 1830 (1), le résultat des fouilles qu'il avait entreprises dans les souterrains existant sous les anciennes tours de Saint-Valery. Ces souterrains, selon M. Roussel, devaient remonter aux environs de l'an 1000, et servirent d'abri aux soldats de Guillaume le Conquérant. Un plan, avec légende, est joint à cette lettre.

Le même archéologue signalait quelques jours après (2), avec croquis à l'appui, la découverte par M. Ravin, d'un camp romain à Saint-Valery, et d'un autre à Boismont, trouvé par M. Roussel lui-même.

En 1831, M. Roussel décrit les bas-reliefs de l'ancien château d'Escarbotin, représentant des batailles, dont il donne le dessin, et mentionne une inscription gothique illisible. Il ajoute que, d'après une tradition locale, les batailles

(1) Lettre du 19 juin.
(2) Lettre du 23 juin 1830.

dont il s'agit auraient été livrées par un des anciens châtelains à un rival (1).

Plus tard (2), c'étaient les buttes ou tertres de Port et de Noyelles-sur-Mer, que M. Roussel signalait à M. Dusevel, ainsi que le résultat des fouilles pratiquées dans ces tombelles, déjà explorées autrefois par M. Trauflé, qui avait paraît-il une certaine science, mais qui se livrait à trop de conjectures (3). M. Roussel n'a trouvé là que des couches d'ossements brûlés et des débris de fer oxidé; il pensait avec raison, que ces tombelles étaient d'*origine celtique ou gauloise*.

La lettre du 21 mai est accompagnée d'un dessin, et renferme surtout des détails sur l'emplacement d'un établissement romain près du Crotoy, où furent trouvés des vestiges de maisons, fragments de tuiles, vases, ossements, plaques en cuivre, une médaille en grand bronze de Constantin.

Les *Mémoires de la Société d'Emulation d'Abbeville* rendent compte de cette découverte.

L'ensemble des fouilles faites en 1830 dans l'arrondissement d'Abbeville et le canton de Domart, par M. Roussel, fut constaté par M. Dusevel, dans un travail fort détaillé, avec plans et dessins à l'appui, intitulé : *Mémoires sur les Fouilles et Découvertes faites en 1830, dans l'arrondissement d'Abbeville et le canton de Domart.*

Cet important document a été publié en 1832, dans le

(1) Lettres des 15 et 24 mars 1831.

(2) Lettres des 11 et 21 mai 1833.

(3) Un des contradicteurs de M. Trauflé, le conventionel Devérité, a discuté assez vivement certaines hypothèses de son compatriote, à propos surtout d'une trouvaille de monnaies romaines qui fut faite au Trenchoy, en l'an IX. (*Mag. encyclop.*

tome IX des *Mémoires de la Société des Antiquaires de France*, p. 297-313.

II

Les nombreuses lettres de M. Gilbert, historien, membre de la *Société des Antiquaires de France* (1), traitent à la fois d'archéologie et d'histoire, à partir du 21 août 1830. Il est souvent question de la Picardie dans cette intéressante correspondance. C'est principalement la cathédrale d'Amiens et les autres monuments religieux de cette ville et du département de la Somme qui sont l'objet des dissertations de ce savant. Un des premiers, il a relevé les erreurs commises par Rivoire, dans sa description de la cathédrale d'Amiens, notamment celle des bas-reliefs allégoriques sculptés sur la façade principale de la porte centrale, lesquelles sculptures avaient été considérées par Rivoire comme des armoiries de famille (1).

Il fait aussi remarquer que MM. Rigollot père, et Obry, dans leurs descriptions des mêmes bas-reliefs ont accordé trop de confiance aux interprétations que Dupuis, dans son *Origine des cultes*, a faites d'après les idées du paganisme.

« On ne doit voir, dit M. Gilbert, rien que de très chrétien et de conforme au texte sacré dans ces représentations. Le but des artistes n'était que de mettre sous les yeux des chrétiens les faits les plus importants de l'*Histoire de l'ancien et du nouveau Testament*, mêlés à ceux qui concernent l'établissement du christianisme dans telle ou telle

(1) M. Dusevel était associé-correspondant de cette Société. Nommé le 10 janvier 1830, il conserva ce titre jusqu'à sa mort.

(2) Lettre du 25 octobre 1830.

contrée. C'était un livre ouvert à tout le monde et nécessaire pour l'instruction des fidèles. » (Lettres du 30 novembre 1830 et 30 septembre 1837.)

L'opinion de M. Gilbert est assurément fort respectable, mais on ne peut nier cependant que les artistes du XIIIe siècle se sont aussi inspirés dans leurs productions de la nature et de l'astronomie. MM. Rigollot, père, Obry et quelques autres se montrent, dans leurs explications, partisans des mythologies persannes et indiennes, que n'entendaient guère sans doute les sculpteurs du temps. Les opinions sont d'ailleurs encore divisées sur l'origine du symbolisme et sur l'interprétation de certaines œuvres d'art du moyen-âge.

Rivoire, combattu par MM. Rigollot et Obry, avait émis les mêmes idées que M. Gilbert, mais M. Raymond, ancien professeur, avait cru reconnaître *Ésope* parmi les diables et les démons sculptés au portail de la cathédrale d'Amiens, ce qui fit dire plaisamment que ce nouvel interprète avait « le diable au corps » (1).

(1) A cela près, M. Raymond ne manquait ni d'esprit ni de connaissances, mais il aimait un peu trop la polémique, comme on peut le voir dans les journaux de son temps. Un trait qu'il voulut lancer contre un académicien d'Amiens, l'abbé Tournyer, lui valut une réplique injurieuse, à laquelle il n'a pas manqué de riposter par le *tantæ ne animis cælestibus iræ !*

« Je n'écris, dit M. Raymond, que d'après mon cœur et mon opinion, et sans un motif plausible je n'eusse pas relevé le ridicule que j'ai trouvé sur ma route. Né profondément sensible, je n'ai pu voir sans indignation un faux ami chercher à me nuire et à me compromettre. »

M. Raymond avait amassé de nombreux matériaux et dessins sur la cathédrale d'Amiens et il se proposait de publier un travail assez important sur l'explication des bas-reliefs de ce monument. Il avait déjà écrit sur ce sujet dans les journaux. Cette publication, dont les dessins étaient tirés, fut empêchée par la mort de l'auteur, arrivée le 28 janvier 1837, à 72 ans, des suites d'une opération pratiquée par le docteur Civial, et ce qu'il y a de fort triste, c'est que le malade n'était pas affecté

Dans une lettre du 11 mars 1831, M. Gilbert exprimait des doutes sur l'origine romaine, (d'après un dessin), des restes de l'ancien château d'Amiens, détruit en 1117. Il trouvait dans ce genre de bâtisse beaucoup d'analogie avec les constructions de la fin du x⁰ siècle. Ce dessin, sans doute mal fait, l'avait induit en erreur, car si l'on ignore l'époque de la construction de cette forteresse, on sait d'une manière certaine qu'elle avait été augmentée sous l'empereur Valentinien.

Il donne sur l'église de Saint-Riquier beaucoup de détails qui ne se retrouvent qu'en partie dans la description de cette église par le même auteur (1).

M. Gilbert émet l'idée que l'ancienne *Confrérie de Notre-Dame du Puy* (2), aurait dû être nommée dans le principe : *Confrérie de la Montagne*, parce que *Puy* signifie hauteur, élevation (3).

de la pierre, pour laquelle il a été opéré ; il fut constaté qu'il n'avait qu'une affection beaucoup moins grave.

Le 16 avril a eu lieu la vente des livres, dessins et manuscrits de M. Raymond. M. Gilbert s'est rendu acquéreur de quelques dessins et volumes, mais ce n'est que de seconde main qu'il avait pu avoir, plus tard, d'autres dessins, signés de Joron, tels que plusieurs morceaux représentant diverses parties de statues de la cathédrale d'Amiens, une belle pièce figurant les douze signes du Zodiaque et travaux agricoles du portail S. Firmin, des vues de l'abbaye de Corbie, signées Sénécbal, fils, et datées de 1819.

Aucune biographie n'existe sur cet écrivain, ayant fait preuve de goûts artistiques et archéologiques. Voilà pourquoi nous insérons ici cette longue note.

(1) Amiens, 1836, in-8°.

(2) Le registre de 1451 porte Confrérie du *Puy de Notre-Dame.*

(3) Lettre du 18 février 1832.

D'une autre part, on sait que la quatorzième miniature du manuscrit des Ballades du Puy représente un enfant que la Vierge tient debout sur la margelle d'un puits. Cela avait fait penser à certains auteurs, que de là venait l'origine de la dénomination de la célèbre Confrérie du Puy, d'Amiens.

L'opinion qui semble avoir prévalu jusqu'à ce jour est que le nom de Notre-

Le 24 septembre 1838, M. Gilbert annonce à M. Dusevel qu'il a eu la visite de M. Goze, lequel lui a donné un exemplaire de sa *Petite revue des Monuments d'Amiens*, contenant de judicieuses observations sur les « inepties de M. Cheussey », au sujet de la restauration de la cathédrale et de divers autres monuments. Il s'agit sans doute des nombreuses critiques que M. Goze a insérées un peu dans tous ses ouvrages contre l'architecte Cheussey, qui préférait le style grec au gothique.

Dans cette même lettre, M. Gilbert dit avoir découvert les noms des deux personnes représentées en statues contre les piliers de la chapelle élevée par le cardinal de Lagrange.

Ces personnes sont Du Guesclin et Jean Bureau de la Rivière, chambellan et favori de Charles V, reconnaissable

Dame du Puy doit dériver de l'espèce de théâtre, ou lieu élevé, devant s'entendre *Puy*, où se débitait la poésie en l'honneur de Notre-Dame.

Je ne m'attacherai pas ici à disserter longuement sur cette question étymologique, qui ne me semble pourtant pas définitivement tranchée.

Pourquoi, en effet, la Confrérie qui nous occupe tirerait-elle son nom de cet échafaudage ? A t-on jamais donné le nom de *Puy* aux élévations tels que *hours*, estrades, sur lesquels se jouaient les mystères ou autres représentations ?

On sait toutefois, ce qui n'éclaircit pas la question, que l'on appelait aussi *Puy*, la fête elle-même, le lieu de la réunion, tant de notre confrérie que d'autres corporations : c'est ainsi que les archives locales nous apprennent que MM. les maires et échevins dînaient au *Puy* Notre-Dame, au *Puy des Arbalétriers*, au *Puy des Sots*, le jour de la fête solennelle de ces associations.

Ne pourrait-on pas croire, avec quelque raison, que nos anciens rhétoriciens, fondateurs de l'Association, ont voulu caractériser leur œuvre dévote, par un mot allégorique, symbolique, en considérant le *Puy* comme la source vive et profonde de leurs inspirations, de leur foi, de leurs louanges à la Vierge ?

Cette confrérie n'était-elle pas d'ailleurs pour le temps un véritable puits de science rhétoricienne ? D'autres Sociétés n'avaient-elles pas adopté le même mot pour exprimer un sentiment profond comme le *Puy d'amour* divin, ou une source intarissable de railleries, comme le *Puy des Sots*.

Que n'a-t-on pas tiré du Puy ? Puisse la vérité étymologique que nous cherchons, en sortir un jour triomphante !

par son écusson à la bande d'argent, et, satisfait de cette découverte, il ajoute : « n'en parlez pas ». Ces petites cachoteries ne sont pas rares entre antiquaires.

M. Rigollot, qui avait décrit précédemment les mêmes statues, prit celle de Bureau de la Rivière pour l'effigie du connétable Sancerre. C'était une erreur du docteur qui, selon M. Gilbert, était « un antiquaire superficiel, s'érigeant parfois en censeur peu autorisé » (1).

Ce jugement est peut-être trop sévère, car chacun est sujet à se tromper. M. Rigollot était loin d'être un homme sans valeur, mais il est cependant permis de lui reprocher l'âpreté de certaines critiques, fondées ou non, et d'avoir eu des vues parfois trop opiniâtres. M. Dusevel eut bien aussi avec M. Rigollot quelques démêlés que M. Gilbert contribua à apaiser, en dissipant les préventions qui existaient dans l'esprit de son ami, au sujet de rivalités archéologiques. Mieux que personne, M. Gilbert pouvait calmer les petites inquiétudes de son collègue qui n'étaient parfois que des chimères, et il parvenait à adoucir ses chagrins réels.

C'est en véritable connaisseur que M. Gilbert traite, dans sa correspondance, une foule de questions ayant rapport aux choses artistiques, à la description, à l'interprétation des sculptures, vitraux, peintures et fresques, qui ornent la cathédrale d'Amiens. Avec tous ces documents on arriverait, pour ainsi dire, à composer une nouvelle édition de son livre sur cet édifice, livre qu'il projetait, du reste, et qu'il n'a pas achevé. Combien de matériaux n'avait-il pas réunis dans ce but ; extraits tirés des archives, gra-

______

(1) On doit aussi à M. Gilbert la restitution à Henri, seigneur de Beaupigné, de la fondation de la chapelle de Saint-Lambert, (première de la nef, à droite) attribuée d'abord à Angilvin. (Lettre du 25 août 1841.)

vures, dessins et renseignements de toutes sortes. Parmi ces richesses il faisait surtout grand cas de quatre grands dessins, offrant l'état intérieur de la cathédrale avant 1762 ; l'ancien jubé, les tombeaux dans les chapelles, les cénotaphes d'Evrard de Fouilloy et de Geoffroy, sur l'emplacement qu'ils occupaient, etc. Ces précieux dessins, dressés d'après *Saint-Marc*, avaient été acquis, en 1838, à la vente après décès d'un M. Ollier, employé des postes. Ils furent vendus de nouveau, avec tant d'autres morceaux du plus grand intérêt, après le décès de M. Gilbert, en 1858. M. Dusevel en eut une part qui lui fut offerte par la famille du défunt.

Je pourrais donner ici de plus longs extraits des lettres de M. Gilbert, si remplies de faits intéressants de toute nature, concernant les personnes et les choses, les monuments, les arts, la curiosité, les événements politiques, les petites nouvelles, qu'on appellerait aujourd'hui le *reportage*, tant de Paris que d'Amiens, mais je dois borner mon analyse et me résigner à ne faire connaître qu'une partie de la volumineuse correspondance que j'ai sous les yeux. Je ferai remarquer en terminant, que les deux savants entre lesquels s'échangeait une telle quantité de lettres, s'entr'aidaient mutuellement dans leurs travaux, et dans la satisfaction de leurs goûts de collectionneurs, sans avoir de discussion irritantes. Pendant près d'un demi siècle, M. Gilbert et M. Dusevel ont été liés d'une étroite et franche amitié (1). On peut dire d'eux :

« La mort seule les a désunis. »

(1) En 1841, par suite de quelques circonstances particulières, M. Dusevel fut pendant plusieurs mois sans écrire à M. Gilbert ; celui-ci surpris de son silence, lui écrivait le 9 novembre : « Vous ne serez pas, à l'avenir, si paresseux de m'écrire, et vous ne laisserez point croître l'herbe sur le chemin de l'amitié. »

Aujourd'hui les bonnes relations se continuent entre les survivants des deux familles.

III

Ce fut seulement en 1833 que M. Dusevel entra en relations avec le célèbre propagateur de la science préhistorique, M. Boucher de Perthes, et, depuis cette époque jusqu'à sa mort, ce savant n'a cessé de correspondre avec celui qu'il appelait « son véritable ami ». Cette nombreuse correspondance est, à divers titres, des plus intéressantes, même sous le rapport archéologique, encore bien que M. Boucher de Perthes ait dit : « Je suis un parfait ignorant en archéologie » (1).

Dans une lettre du 28 juillet 1834, il annonce la découverte faite à Estrebeuf (mai 1834) d'une pirogue de 29 pieds de longueur, paraissant remonter, dit-il, aux premiers temps de la navigation. Le dessin de cette pirogue se trouve dans les *Mémoires de la Société d'Emulation d'Abbeville* (2).

La correspondance de M. Boucher de Perthes est fort variée et souvent curieuse. Le 9 septembre 1839, il entretient son ami du prince de Monaco, un des souverains qui honorait le philantrope abbevillois de toute sa confiance. Ce prince dépensait beaucoup d'argent pour éteindre la mendicité, et il venait d'établir dans sa terre de Normandie une forte colonie de pauvres qui faisait merveille. Il avait publié un ouvrage sur le paupérisme.

(1) Lettre du 20 mars 1834.

(2) Année 1834, p. 81.

M. Dusevel avait été admis comme membre correspondant de la Société d'Emulation, le 21 octobre 1831.

Dans cette même lettre, M. Boucher de Perthes raconte naïvement qu'il a été pris en flagrant délit d'ignorance historique, par le roi Louis-Philippe : « L'autre jour, à Eu, le roi m'a fort embarrassé, en me demandant quel était le nom du paysan qui avait livré le gué de Blanquetaque ; il a été plus habile que moi, car après m'avoir laissé chercher, il me l'a nommé : « Gobin Agache ».

Dans une lettre du 20 mars 1836, M. Boucher de Perthes entre dans les détails les plus curieux sur sa famille.

Le 22 décembre 1844, il annonce que M. du Sommerard a été envoyé à Abbeville par le ministre, au sujet d'une collection artistique offerte à l'Etat par le savant abbevillois. Cette collection devait occuper, au musée de Cluny, une salle particulière, ne devant renfermer que des objets dignes d'y figurer.

La réalisation de ce projet a échoué par suite de circonstances pénibles pour le donateur, et dont il se proposait, en 1856, de parler dans ses Mémoires. (Lettre du 28 juin.)

Le 16 avril 1845, M. Boucher de Perthes était heureux d'annoncer qu'il allait commencer l'impression de son travail sur les *Monuments antédiluviens*.

« J'ai réuni, dit-il, assez de preuves pour que chacun reconnaisse que je ne me suis pas trompé. M. Brongniart, mon vieil ami, m'a écrit qu'il était tout disposé à se rendre à mon opinion. »

Dans une autre lettre du 25 mars 1847, on voit que M. Boucher de Perthes se propose de changer le titre de l'ouvrage dont il vient d'être question ; au lieu de *Antiquités celtiques et antédiluviennes*, il voulait mettre *Mémoire sur l'Industrie primitive et les Arts à leur origine*. On sait

que le titre définitif de cette importante publication est
celui-ci : *Antiquités celtiques et antédiluviennes. Mémoire
sur l'Industrie primitive et les Arts à leur origine*, deux
volumes, 1847. Le troisième volume n'a été publié qu'en
1864. Ce monument élevé à l'époque préhistorique renferme de nombreuses planches.

En 1848, une toute autre question préoccupait M. Boucher de Perthes. Il posait sa candidature comme député à
l'Assemblée nationale et demandait, à ce sujet, l'avis de
M. Dusevel, en lui envoyant le projet de sa circulaire, dans
laquelle il se disait nettement partisan de la liberté de con-
science, de la liberté d'association et de la liberté d'éducation et d'enseignement.

« Je demande, disait-il, que les Associations religieuses professent
au grand jour ; point de doctrine à double face, point d'enseignement
occulte. Ce ne sont point des restrictions à la liberté que je demande,
mais des garanties à cette liberté. »

J'ignore qu'elle a pu être la réponse de M. Dusevel aux
questions que lui posait M. Boucher de Perthes, mais
quelques observations ont dû être faites, comme le prouve
une lettre du 16 mars dans laquelle on lit :

« Ce que j'ai dit dans ma circulaire est ce que je n'ai jamais cessé
de croire depuis vingt ans, vous le savez et vous l'avez dit avec moi.
Ne pensez pas, d'ailleurs, que j'ai tourné le dos au roi quand il a été
malheureux ; non, dès que le bruit s'est répandu qu'il errait sans asile
sur les côtes du Tréport, j'ai pris toutes les mesures pour faciliter
son embarquement paisible, et lui ai fait offrir ma maison pour
refuge. Il y aurait été respecté, car bien qu'Abbeville ait toujours été
hostile à la famille d'Orléans, on y sait honorer le malheur ; ainsi quand
les journaux ont dit que la duchesse de Nemours avait été insultée à
son passage à Abbeville, ils ont été mal informés. »

Ce passage a, comme on le voit, un véritable intérêt historique.

M. Boucher de Perthes ne se faisait, d'ailleurs, aucune illusion sur le succès de sa candidature ; sa circulaire avait cependant remué la population et aurait pu lui assurer quelque chance, si le vote avait eu lieu immédiatement. Mais avec le temps les dispositions changent, et le candidat craignait : « l'inconstance de la faveur populaire. »

Le jour venu, il obtint néanmoins 40,000 voix qui n'ont pas suffi pour lui assurer la victoire.

Dans une lettre du 23 avril 1849, M. Boucher de Perthes remercie M. Dusevel d'avoir rendu compte de son livre des *Antiquités celtiques*, auquel il prépare, dit-il, une suite. Il ajoute, que si en France la politique absorbe tout, et empêche de songer à ces recherches, il n'en est pas de même en Allemagne et en Angleterre, où l'on s'occupe beaucoup de ces découvertes. Cette lettre, ainsi que certaines autres, renferme des détails sur la politique du temps, « les malices et finesses de divers partis » et il parle aussi d'un bal patronné par le *Courrier de la Somme*, et auquel il n'avait pas voulu souscrire, convaincu qu'il était que de cette liste de souscripteurs, « sortirait tôt ou tard, les plus cruels ennemis » des promoteurs de la fête.

M. Boucher de Perthes devinait sans doute, dès ce moment, le triomphe des Bonapartistes sur les Orléanistes, que le journal *le Courrier* représentait.

M. Boucher de Perthes n'ignorait pas comment se font certains compte-rendus d'ouvrages, dont on parle parfois sans les avoir lus. A ce sujet il raconte, dans une lettre du 17 mars 1853, qu'un académicien a consacré à son livre des Antiquités un article bienveillant et que, tout en faisant dire à l'auteur ce qu'il n'a pas dit, il conclut néanmoins, absolument comme ce dernier. Cette anecdote est assez piquante.

M. Boucher de Perthes, on le sait, a été le précurseur de divers projets réalisés par d'autres que par lui; c'est ainsi que, dès 1833, il avait, dans un discours imprimé, conçu le plan d'une Exposition universelle à Paris, sur la place de la Concorde; les Anglais ont reconnu, dans leurs journaux, l'initiative de M. Boucher de Perthes; il n'en a pas été de même des journaux français qui, en d'autres occasions, ont cependant rendu justice à celui qui a fini par s'imposer à tous par sa célébrité.

Par une lettre du 18 mars 1859, le fondateur de la science préhistorique fournit des détails piquants sur les méprises dont ses antiquités ont été l'objet jusque là, même en divers congrès. Dans une de ces réunions, quelques membres déclaraient ne savoir pas précisément ce que c'était que le *diluvium*, et ne pas connaître davantage les silex taillés ou non, et cependant ces soi-disant savants n'hésitent pas à se prononcer contre l'ancienneté des objets dont il s'agit. Tout cela est raconté d'une manière fort plaisante par l'auteur, avec l'esprit qu'on lui connaît. C'est une véritable satire de bien des antiquaires, ainsi qu'on peut en juger par ce qui suit :

« Je ne conçois pas comment une Société des Antiquaires a imprimé
» pareille chose dans ses œuvres; puisqu'elle le faisait, il était, je
» crois dans les convenances d'y ajouter une explication quelconque,
» sinon pour moi, du moins pour M. Rigollot, dont elle avait com-
» plétement adopté l'opinion, et si bien qu'elle lui en faisait son plus
» beau titre de gloire et celui qui l'avait fait nommer à l'Institut, de
» sorte qu'elle a été obligée de dire, que c'était grâce à mon livre et
» à mes découvertes, qu'après sept ans M. Rigollot avait remis en

« lumière, que ce savant devait ce succès, et, trois ans après sa mort,
» voilà cet excellent homme traité comme un Cassandre à qui j'aurais
» fait croire des balivernes. »

Il est évident que les Antiquaires dont il s'agit se sont singulièrement mépris, en ne rendant pas à César, c'est-à-dire à M. Boucher de Perthes, ce qui appartenait à ce dernier et non à M. Rigollot, savant explorateur, (moins crédule que Cassandre), mais auquel on ne pouvait attribuer le mérite de la première découverte d'objets celtiques.

Il est bon de rappeler ici qu'à Abbeville même on se refusait à croire, en 1836, à l'authenticité des premières découvertes faites par M. Boucher de Perthes; ce fut au point que la *Société d'Emulation* de cette ville décida qu'il n'en serait fait aucune mention dans ses mémoires, jusqu'à ce qu'une nouvelle fouille ait confirmé l'origine locale de ce genre d'antiquité (1).

On sait aussi combien les savants géologues et archéologues anglais ont été, au début, hostiles aux découvertes de M. Boucher de Perthes, par suite d'idées religieuses, « respectables, mais mal fondées, » dit M. Buteux. (Lettre du 4 avril 1864).

Enfin, la correspondance qui nous occupe serait pour ainsi dire inépuisable, s'il fallait en faire ressortir tous les faits intéressants qui s'y trouvent mentionnés ; elle offre des renseignements utiles à consulter, non seulement sur les œuvres de l'illustre abbevillois, sur sa vie publique et

(1) L'usage auquel on devait attribuer les silex était l'objet de vives controverses, et en 1839, M. Ch. Dufour, disait avec beaucoup d'esprit et de raison, que si ces pierres polies ou taillées, étaient alors nommées *casse-têtes*, il ne fallait peut-être voir dans cette dénomination qu'une « *allusion aux sérieuses difficultés que l'archéologue rencontrait à chaque pas dans l'étude de ces monuments.* » (*Mémoire des Antiq. de Picardie*, 1839.)

privée, mais encore sur ses collections, ses projets, ses idées et ses goûts, comme aussi sur ses pensées et certains détails intimes qu'on ne confie habituellement qu'à un véritable ami. M. Boucher de Perthes est décédé en 1868, âgé de 80 ans.

IV

M. de Montalembert, que M. Dusevel a toujours compté au nombre de ses protecteurs dévoués, lui adresse le 29 juin 1838 de chaleureux remerciements pour sa notice sur la bannière de Péronne ; il espère pouvoir étudier avec lui divers ouvrages intéressants sur le moyen-âge, et termine par ce compliment flatteur :

« Je félicite sincèrement la Picardie de compter dans son sein un explorateur tel que vous. Il s'en faut que toutes nos belles provinces, soient aussi bien partagées. »

Le 25 juin 1841, le célèbre orateur exprimait à son correspondant le regret de ne pas avoir pu, par suite de son absence, prendre part au vote de la loi sur les ventes à l'encan :

« Qui avait fait triompher les vœux du commerce d'Amiens et de bien d'autres villes ; car je suis, disait-il, très ennemi de cette liberté illimitée qui change la concurrence en oppression. »

Le 19 décembre 1841, Le Marquis, homme de lettres et historien, demandait à son « cher collègue » son concours pour l'*Histoire de S. Bernard*, et le priait de le renseigner sur ce qui touchait aux abbayes Cisterciennes de la Picardie : Longvilliers, Valloires, Villancourt, le Gard, Lieu-Dieu et Foucarmont.

« Je serai toujours très flatté, ajoutait-il, de tout ce qui pourra
établir une communauté d'idées et de travaux entre vous et moi. J'invoque donc le secours de votre érudition. »

La loi sur l'enseignement, qui s'élaborait en 1844,
fournit au pair de France l'occasion d'écrire à M. Dusevel,
et de le remercier des avis excellents qu'il en a reçu et
dont il ne manquerait pas, disait-il, de faire son profit
dans la discussion qui allait s'ouvrir. Il approuvait fort
aussi le projet dont l'avait entretenu M. Dusevel, d'écrire
dans *l'Univers* une série de lettres sur le Vandalisme; cela
lui semblait bon à mettre sous les yeux des artistes chargés
de la restauration des édifices.

Une lettre du 5 janvier 1848 est adressée à MM. Goze
et Dusevel, pour les remercier d'une réclamation faite
par eux contre les inexactitudes d'un article publié par
M. Didron, dans ses *Annales*, sur les sculptures de la cathédrale d'Amiens. Déjà M. de Montalembert avait été averti
de l'exagération de ces attaques et il n'avait pas autorisé
M. Didron à mettre ses critiques sous son couvert, il demandera à ce dernier de faire droit à des réclamations qui lui
paraissent justes.

« On doit apprécier le jugement d'hommes aussi compétent que
vous qui avez rendu d'aussi bons services à la cause de l'*Art chrétien*
et des *Antiquités nationales*. »

V

M. le comte de Mérode, n'était pas moins dévoué à
M. Dusevel que M. de Montalembert, son gendre, et, par
une lettre du 28 décembre 1841, il le priait de vouloir

bien lui indiquer les monuments intéressants que possédaient encore la Picardie et l'Artois. Il ajoutait : « les rapports avec vous me seront toujours infiniment agréables ». Il écrivait de Bruxelles, le 13 septembre 1842, qu'il venait d'acquérir, pour en empêcher la démolition, le beau château à tours crénelées de Moy, près Saint-Quentin ; faisant remarquer que c'était une possession onéreuse pour lui, mais que du moins il aurait conservé au département de l'Aisne un monument intéressant. Plusieurs autres sujets historiques et archéologiques sont traités en d'autres lettres par M. de Mérode, qui était un amateur passionné des choses d'arts et des monuments anciens ; il se plaignait même de ne pouvoir donner assez de temps à ses goûts, à cause de ses occupations à la Chambre Belge, où il était condamné parfois, disait-il, à entendre « force discours peu instructifs. »

C'est grâce à la puissante protection de M. de Mérode, que M. Dusevel a pu obtenir plusieurs grands et importants ouvrages du gouvernement Belge.

VI

M. le comte de Mailly, prince d'Orange, ancien pair de France, fils du maréchal exécuté à Arras, pendant la Révolution, était certainement l'un des partisans les plus attachés de H. Dusevel, et nul doute que si M. de Falloux avait été l'époux de M^llo de Mailly, lorsqu'il occupait le poste de ministre de l'Instruction publique, il n'eût récompensé notre historien comme il le méritait.

Les lettres écrites par M. le comte de Mailly à M. Dusevel, de 1836 à 1871, sont assez nombreuses et très affectueuses.

Elles renferment des détails archéologiques qui ne sont pas sans intérêt, encore bien que leur auteur, membre de plusieurs Sociétés savantes, déclare humblement qu'il est seulement « archéologue amateur » (1). Les renseignements sur sa famille y abondent, et parfois ceux qui sont les plus intimes.

En 1866, M. de Mailly contribua aux frais de l'exécution par le peintre verrier Lorrain, de vitraux pour l'église Saint-Martin de Doullens, où sont représentés ses armes et son patron, S. Adrien. Sur un des panneaux de cette verrière, figurent aussi S. Hyacinthe et Ste Rose, patron et patronne de M. et Mme Dusevel, qui ont contribué de leurs deniers à l'exécution de cette œuvre artistique.

La correspondance qui a eu lieu à ce sujet, tant avec M. de Mailly qu'avec le peintre verrier Lorrain, est assez curieuse à cause des observations échangées sur l'art décoratif de la peinture sur verre.

VII

Une correspondance particulièrement archéologique et artistique est celle qui a existé pendant plus de dix ans, avec M. Alexandre du Sommerard. Il est surtout question dans ces lettres des remarquables tableaux de la *Confrérie de Notre-Dame du Puy d'Amiens*, dont M. Dusevel a fait la description, laquelle a trouvé place dans le bel ouvrage intitulé : *Les Arts au moyen-âge (1839-43)*.

Dans une lettre du 14 janvier 1841, M. du Sommerard

(1) Lettre du 8 novembre 1865.

M. de Mailly a publié en 1840 ; son *Journal sur la campagne de Russie.*

informe son correspondant que le Comité des travaux historiques a décidé l'exécution d'une statistique monumentale du département de la Somme, et désigné MM. Dusevel et Rigollot pour rédiger les textes. « Le ministre, plus ami des livres que des arts, ne donnera pas plus de 2,000 fr. pour les dessins des deux cantons. »

M. du Sommerard achetait parfois des tableaux en Picardie, et alors (1825 à 1842) ces prix étaient des plus abordables ; c'est ainsi qu'il a pu se procurer pour environ 100 fr. un tableau ancien représentant Henri IV, des dessins de Joron pour 60 fr. Moyennant 40 fr., il obtenait dans une campagne, un magnifique rétable servant alors de porte à un poulailler. C'est pendant le même temps que M. Boucher de Perthes pouvait se rendre acquéreur de ses plus beaux bahuts, à raison de 80 fr. l'un, au maximum.

M. Dusevel, de son côté, enrichissait à bon compte, même à Paris, ses portefeuilles et sa bibliothèque de documents manuscrits, chez Danquin, de portraits chez Lieutaud, d'estampes chez Viguères et autres, de livres et dessins un peu partout.

Il était facile pour les amateurs de province de faire ces achats, au besoin sans déplacement. Les marchands expédiaient de confiance leurs cartons d'estampes et caisses de livres à choisir, avec un bordereau indicatif des prix, et le choix fait, le surplus était réexpédié. On pouvait même s'arranger par voix d'échange ; nombre de lettres constatent ce genre d'opérations ; on y trouve des détails curieux, notamment pour la comparaison entre les prix de ce temps et ceux d'aujourd'hui.

M. Alexandre du Sommerard est décédé le 19 août 1842, à l'âge de 63 ans. Une notice sur sa vie et ses travaux par M. Mérimée se trouve dans le *Catalogue du Musée de Cluny*, rédigé par M. du Sommerard, fils, p. 680 et suiv.

Je ne reproduirai pas ici tout ce que la correspondance du fondateur du Musée de Cluny offre d'intéressant à bien des titres, et de flatteur pour notre collègue, assez d'éloges ont déjà été cités pour ne plus les répéter à satiété. Cet excellent correspondant avait eu l'heureuse idée de recueillir les monuments du moyen-âge, à une époque ou bien peu encore y songeaient.

VIII

Il faudrait de longues pages pour analyser avec quelques détails la correspondance archéologique de Didron aîné, dont pas un mot ne serait à retrancher. Je signalerai en particulier une lettre du 4 janvier 1841, par laquelle M. Dusevel est remercié de onze communications relatives à l'*Iconographie religieuse de la Picardie*, destinées à prendre place dans le *Dictionnaire Iconographique*.

Il s'agissait de curieux sujets tels que :

La Trinité à deux têtes humaines et trois yeux ; celle à deux têtes avec des ailes ; le Père éternel du portail d'Amiens, la tête sur un triangle ; Jésus-Christ, la tête coiffée d'un turban ; le Saint-Esprit sous la forme d'un globe de feu rayonnant ; S. Michel, la tête couverte d'un casque ; l'Arbre de Jessé avec les rois tenant chacun un enfant devant eux ; l'Annonciation avec Gabriel agenouillé près d'un lit où est couchée Marie, et le Saint-Esprit qui plane sur la tête de la Sainte Vierge ; Jésus, petit enfant, descendant sur un rayon vers Marie qui le conçoit ; la Synagogue assise, avec une tête de vipère ; le Paradis figuré par un buste du Christ ayant sous son manteau un nombreux cortège d'élus. Le tout du xiiie siècle, et en partie non figuré ailleurs que sur les murs de la belle cathédrale d'Amiens.

Le 28 du mois de février 1841, Didron remerciait M. Dusevel d'une nouvelle communication non moins intéressante, le dessin d'un diable à tête de mulet, calqué sur la miniature d'un manuscrit de la bibliothèque d'Amiens. C'est ainsi qu'en archéologie on passe volontiers de la divinité au démon, du sacré au profane, et *vice-versa*.

Didron a correspondu jusqu'en 1847 avec M. Dusevel, et l'a entretenu parfois des *Annales archéologiques*, revue qui contient des articles de notre écrivain. Ce savant iconographe est mort le 13 novembre 1867, n'ayant que 61 ans.

IX

Avec Crapelet, le savant imprimeur et écrivain, l'ancien président de la *Société des Antiquaires de France*, le grand ami de M. Dusevel, nous passons à une correspondance plus variée, véritable chronique bibliographique.

Dans une lettre du 13 août 1834, Crapelet se félicite des relations littéraires qu'il se propose d'entretenir avec son confrère, et il lui annonce l'envoi de divers volumes, entre autres celui des *Proverbes et Dictons populaires*, où l'on cite *Li Damoisel d'Amiens*, le *Châtelain de Coucy*, etc.

Le 6 mai 1836, il parle d'un bibliophile qui quitte momentanément Paris pour aller passer deux mois dans le Morvan, afin de se livrer à sa passion pour la pêche. *Pauvre pêcheur*, dit-il, à Paris il y a du poisson aussi, « il nous quitte pour du frétin. »

Les *Marques des anciens imprimeurs* sont le sujet principal d'une lettre du 9 de ce même mois de mai, dans laquelle on voit aussi que cet écrivain a l'intention de ne plus rien publier pour son compte.

Le 3 décembre 1839, il demande à M. Dusevel les *Enseignements de S. Louis* pour la *Société des Antiquaires de France.* Cette lettre est remplie de détails bibliographiques.

Une lettre du 21 juillet 1841 n'offre pas moins d'intérêt. Crapelet s'excuse d'abord d'être en retard avec celui qui est un des correspondants qu'il affectionne le plus ; malade, accablé de besogne comme président de la *Chambre syndicale des Imprimeurs,* etc., il ne peut suffire à tout. Les désordres et les abus de l'imprimerie sont grands, et les affaires qui s'y rattachent ne sont rien moins qu'agréables. Lebrun, directeur de l'Imprimerie royale est un concurrent redoutable, il absorbe tout dans le domaine historique. Puis viennent des détails sur les auteurs et sur les livres. Il est charmé de l'activité que déploie la *Société de l'Histoire de France,* et de ses publications : la *Marguerite des Marguerites,* les *Mémoires de Coligny,* etc.

Le savant auteur et imprimeur de tant de livres estimés et recherchés est décédé le 11 décembre 1842, dans sa 54me année.

X

M. le marquis de Fortia d'Urban se renferme dans le domaine de l'histoire et de l'érudition. Nous avons vu précédemment combien il fut dévoué à l'historien d'Amiens. Il a traité plusieurs sujets qui intéressent notre province dans les *Archives de Picardie*. Il critique un peu l'ouvrage de M. Labourt, sur l'*Origine des villes de Picardie*, et, fidèle à une ancienne opinion, il soutient avec Jacques de Guyse, que le nom de *Picard* vient de Picquigny, *Piconium*, et non de *Pouhier*, Poix. Ce qui le frappe surtout, c'est le voisinage du camp de César, et la pique comme analogie de sens avec le mot Picard (1er mai 1841).

Dans son *Histoire du Hainaut*, M. de Fortia cite plusieurs fois Hugues de Boves, dont il fait un chevalier anglais. C'est une erreur qui a été signalée à l'auteur par M. Dusevel, ce dont M. de Fortia ne fut nullement fâché, car il pensait qu'entre gens de lettres il faut s'avertir de ses erreurs. C'est ce qu'il mettait lui-même en pratique un jour, vis-à-vis de M. de Montbel, son ami, auquel il indiqua une faute grave dans un *Mémoire sur l'usage de l'écriture en Grèce*.

Le 4 du même mois, il recommande à son « cher collègue »

« Un Mémoire de M. Aubenas, secrétaire de la *Société des Antiquaires de France*, tendant à prouver que « l'Art gaulois était fort supérieur à l'Art romain, dont on nous rebat sans cesse les oreilles, comme si Rome ne nous devait pas sa fondation. »

Il va sans dire que M. Dusevel est souvent félicité à l'occasion du succès de ses ouvrages par celui qui l'assurait de son « véritable attachement » — et lui en donna des preuves, — mais il lui disait un jour, avec raison :

« Rappelez-vous que c'est précisément dans son pays que l'on réussit le plus difficilement. »

Il était sans doute bien plus difficile encore aux enfants de la cité picarde qu'à tous autres de réussir chez eux, pour que le vilain dicton que l'on sait soit venu dans le patois local, constater un pareil défaut.

> Amiens, traître aux siens.
> Tout ce qui en vient, ne vaut jamais rien.

Il serait curieux de rechercher comment et à quelle époque ce proverbe a pris naissance.

N'est-il pas de la famille de cet autre proverbe si souvent justifié :

> Nul n'est prophète en son pays.

Dicton qui aurait pris à Amiens un caractère particulier de malignité, par suite de circonstances ou de faits aujourd'hui ignorés.

Le savant académicien a souvent entretenu M. Dusevel de ses travaux, et quelquefois d'un système bibliographique alphabétique, qui n'a pas eu le succès que l'auteur espérait. Dans une de ses dernières lettres, 8 octobre 1841, il disait :

« Vous auriez pitié de moi, si vous saviez dans quels embarras m'a jeté ce malheureux goût que j'ai pour les imprimés. Mon livre des itinéraires anciens me coûte plus de 30,000 fr. »

M. de Fortia, cet écrivain passionné, est mort le 8 août 1843, à l'âge de 87 ans.

XI

M. le comte Adrien-Marie-François de Calonne, conservateur du château de Chambord, a correspondu pendant quelque temps avec M. Dusevel. Ses lettres offrent un cachet tout particulier.

Le 17 octobre 1836, il est question du château de Chambord, de l'origine des Francs, d'où est venu franchise, francisque, arme qui faisait respecter les *libertés nationales*.

Dans une lettre du 20 juin 1838, il manifeste le désir de voir la Société d'archéologie s'occuper d'une histoire nationale des *Pays d'état*. Il cite divers savants avec lesquels il a causé de légitimité, cette *archéologie* de tant de *droits séculaires*.

C'est généralement sur un ton émaillé de saillies, de jeux de mots, que M. de Calonne parle de choses très sérieuses. Il ne remonte pas jusqu'aux Gaulois, quoiqu'il en ait l'esprit; les *Francs* ont toutes ses préférences : Je les considère avec Tacite comme « l'élite d'un peuple qui était lui-même l'élite des peuples. »

Le 17 mai 1838, il s'exprime ainsi :

« Mon cher confrère en archéologie et en patriotisme de bon aloi, je viens vous demander d'abord notre nom et notre adresse depuis qu'on a mis en question la dénomination des archéologues de la Somme, en proposant comme plus rationnel le titre *Antiquaires de Picardie;* archéologue de la Somme, cela ne ressemble-t-il pas à ces dynasties improvisées qui se proclament héréditaires sous leur bon plaisir ? Et puis, le département n'est-il pas de la même époque que la cocarde tricolore ? Quelle antiquité! Mgr de Lamotte disait autrefois de l'Académie d'Amiens qu'elle paraissait vouée à la Vierge, car ses Archives (non imprimées alors) ne compromettaient pas la couleur. »

M. de Calonne a du être satisfait de pouvoir se dire *Antiquaire de Picardie.*

Puis, revenant sur le mot *somme,* il dit que, *calembou-*

riquement c'est sans doute depuis l'invention du Département qu'il est question de *bêtes de somme, oison*.

Ce correspondant savant et humoristique priait M. Dusevel de vouloir bien offrir aux Antiquaires, pour leurs *Mémoires*, un travail intitulé : *Un mot sur les Traditions provinciales*, où la question de la *couleur et des armes nationales* était traitée.

Le 26 juin 1846, c'est-à-dire peu de temps avant sa mort, arrivée au mois de décembre suivant, le conservateur de Chambord écrivait enore d'une main ferme, et avec chaleur :

« Cher confrère en tant de convictions ! ne pouvant aller vous voir, je visite notre chère Picardie en vous relisant. J'éprouve le regret de voir que la cité qui a donné le jour à l'homme extraordinaire qui, d'un mot : *Diex al vualt*, a enlevé la chrétienté et changé l'état de l'Europe, soit oublié par ses concitoyens. C'est le sous-préfet du Ploërmel (Roger) qui se charge des palmes qu'il appartenait d'élever à l'*Ermite Amiénois ?* Quel temple serait plus convenable pour recevoir ces archives que la chapelle des Machabées ? »

Quelques années plus tard, Pierre l'Hermite se dressait en bronze, non loin de la chapelle des Machabées, grâce à celui qui fut plus tard l'auteur des *Illustrations picardes*, M. G. de Forceville.

XII

Paul Roger, secrétaire particulier du préfet de la Somme, puis sous-préfet de Ploërmel, auteur de publications historiques, s'était lié avec M. Dusevel, dès son arrivée à Amiens, en 1842.

Caractère et esprit méridional vif et entreprenant, Roger

menait de front divers travaux considérables sur le nord de la France, pays bien opposé au sien, (il était né à Marseille, en 1805) et qu'il n'avait pas encore eu le temps de connaître, car il y séjourna à peine deux ans. Cependant sa grande activité et son savoir-faire lui permirent de mener ces entreprises à bonne fin, c'est-à-dire d'achever ses travaux, mais non d'y trouver une rémunération suffisante. A ce point de vue l'opération ne fut pas heureuse.

Il fut puissamment aidé par M. Dusevel, non seulement dans la rédaction et la correction de ses ouvrages, mais aussi pour les soins à donner à l'impression, qui se faisait à Amiens, et à l'exécution des dessins qui avait lieu tant dans cette dernière ville qu'à Paris. C'est surtout lorsque l'auteur eut quitté Amiens, en 1843, pour prendre possession de son poste de sous-préfet, que M. Dusevel eut à supporter la plus forte part de ce lourd fardeau, sans pourtant que ses autres travaux aient eu à en souffrir.

Le 21 décembre 1843, il écrivait à M. Dusevel :

« Grâce à vos lettres de recommandation, j'ai été reçu à merveille par M. Paulin Paris et autres ; je viens de m'arranger avec M. Lemasle (1) pour partie des dessins. Ce sont de vrais tableaux d'histoire : *Philippe de Valois au château de Labroye, Eustache de Saint-Pierre devant Edouard, le Passage du gué de Blanquetaque* (2), *les Chanoines de la cathédrale d'Amiens présentés à Louis XIV.* Ces quatre sujets seront tirés avant le 10 janvier (1844) ; nous paraîtrons

(1) Lemasle était un artiste de Saint-Quentin qui a correspondu avec M. Dusevel, et qui avait commencé vers 1842 la publication d'un *Album des Antiquités du département de l'Aisne,* dédié au duc d'Orléans, lorsque le Préfet chargea la Commission des monuments historiques de Laon de composer un ouvrage analogue.

(2) A Jaque de Revelle pour deux jours quil a vacquié à porter Lres de par lad. ville dAmiens aux maire et eschevins de St Ricquier et Abbeville pour l'estat des Anglaiz qui avoient passé à la *Blanque tacque* ; pour ce palé par mandement du 6° jour d'Août 1436. XXIIII°. » *Reg. aux Comptes de la ville d'Amiens.*)

donc avec ces quatre dessins et les feuilles d'impression que vous avez pu obtenir de M. Hermant (l'imprimeur.) Veuillez le voir pour qu'on fasse le tirage, sans cependant suspendre la *Noblesse et Chevalerie.* »

Ces quatre dessins coûtaient plus de 1,200 fr., comme on le voit dans une lettre du 6 juillet 1844, où il est dit :

« La *Bibliothèque (historique, monumentale, ecclésiastique et littéraire de la Picardie et de l'Artois)* paraîtra grâce à votre concours, dans quatre mois, malgré tout ce qu'on peut dire. »

Et en effet, elle paraissait presque à l'époque dite. Ce ne fut pourtant pas sans quelque difficulté, à cause des autres ouvrages, qui ne cessaient pas d'être poussés activement ; aussi, le 2 juillet, Roger commençait-il à se plaindre :

« Dieu sait, dit-il, que de préoccupations il faut pour tenir tête aux libraires, graveurs, dessinateurs, lithographes, imprimeurs et souscripteurs ? »

A la fin de 1844, deux ouvrages voyaient le jour : La *Bibliothèque* dont nous venons de parler et *Noblesse et Chevalerie de Flandres, d'Artois et de Picardie.* L'auteur en remerciait vivement M. Dusevel, le 7 février 1845.

De la vaste entreprise de Roger, il ne restait plus à publier que la *Noblesse de France aux Croisades,* qui parut en 1845, aussi avec l'aide de celui auquel il disait : « Je compte sur votre confraternité littéraire plus que sur celle de tout antiquaire picard. »

Ainsi que nous l'avons dit dans un autre chapitre, M. Dusevel avait aussi collaboré au premier ouvrage publié par Roger : *Les Archives historiques de la Picardie et de l'Artois, 1842-43.*

M. Goze avait contribué à la rédaction de quelques

articles nobiliaires, et M. d'Hautecloque avait fourni sa bonne part de documents historiques ; mais c'est en vain, dit Roger, que je me suis adressé à cet *ours* de X....
(Lettre du 4 avril 1844).

Ce que c'est pourtant que les hommes ! celui que Roger stigmatisait ainsi, vis-à-vis duquel il se montra tel sans doute, était charmant avec M. Dusevel, du moins dans sa correspondance, l'une des plus intéressantes sur la Picardie.

XIII

Les lettres de M. Louandre, père, offrent des particularités fort intéressantes. Le 24 octobre 1831, il annonce à M. Dusevel sa nomination comme membre correspondant de la *Société d'Emulation*.

Une des lettres les plus importantes est celle du 6 janvier 1835.

« Une partie des Archives de l'hôtel-de-ville d'Abbeville a été volée ou perdue faute de soins, l'autre brûlée en 1793. Les documents les plus curieux ont disparu. Il ne nous reste que la plupart des registres aux délibérations depuis 1426, les comptes des argentiers, qui ne remontent pas au-delà de 1366, plusieurs chartes relatives aux priviléges de la commune, le livre rouge ou recueil des arrêts rendus par la municipalité, le livre blanc ou sont transcrites différentes pièces d'un intérêt purement local, et quantité de paperasses à peu près inutiles, dont le plus grand nombre date de la première révolution. Ces pièces sont maculées, déjà en partie détruites, j'ai commencé à les mettre en ordre. Aucun des manuscrits de la bibliothèque ne mérite de voir le jour, il n'y a que des livres d'heures, des missels, des décrétales, une bible, les épîtres de saint Paul, correspondance de Masclef, et quelques traités de morale. Le nombre de ces Ms. s'élève tout au plus à 30 ; aucun d'eux n'a rapport à l'histoire de France, excepté l'indigeste compilation de l'avocat Waignart, en 4 vol. petit in-f°, d'une écriture extrêmement serrée et peu lisible, sans marges et sans alinéa. Ce manuscrit du temps de Louis XIII contient une innombrable quantité d'armoiries coloriées, mais très grossièrement faites. M. de Bommy seul, possède un document inédit : les *Chroniques abrégées des rois de France*, par Pierre Leprêtre (1), contemporain de Louis XI. Les registres aux chartes de l'élection d'Abbeville ont dû périr en partie, lors de l'incendie du District en 1795. Ces pièces se trouvent aux archives du tribunal civil. Je ne connaissais pas le récit que de Saulx-Tavannes a fait de la mort du duc d'Orléans, je vous remercie de me l'avoir indiqué. Les uns disent qu'il mourut d'une pleurésie, les autres prétendent que c'est de la peste. Il est certain que ce jeune prince était fort étourdi, et d'une témérité excessive. »

N'avais-je pas raison de signaler plus haut l'importance et l'intérêt de la lettre du 6 janvier 1835 ?

Le 17 avril 1835, M. Louandre transmet à M. Dusevel les renseignements suivants sur les *Archives de Saint-Riquier*.

« Le décret de la Convention ordonnant la destruction de tous les documents propres à rappeler la féodalité et la domination des Anglais en France y a été rigoureusement mis à exécution. Aucun parchemin n'a échappé aux flammes. »

« Jean de Bailleul, dit M. Louandre, dans une autre lettre du 12 octobre de la même année, vivait postérieurement à l'an 1313. M. Le Ver possède une copie de l'acte qui le constate, et l'original est passé des mains de M. Traullé dans celles de M. Champollion le jeune. On a lieu de croire que la seigneurie de Mons n'appartenait pas à Jean de Bailleul, comme l'a dit le P. Ignace. »

Le savant bibliothécaire abbevillois reproche à son ami de n'avoir pas consacré un plus long article à Dom-

______

(1) Ce manuscrit a été publié depuis dans les *Mémoires de la Société d'Emulation d'Abbeville.*

Bouquet, et, sans doute pour adoucir cette critique, il termine par ce grand compliment :

« Redoublez d'ardeur, vous êtes jeune, érudit, plein de zèle, poursuivez votre tâche et de nouveaux lauriers viendront s'unir à la glorieuse couronne que l'Institut vient de vous décerner. »

Une lettre du 27 octobre 1835 contient de curieux détails sur les collections et les collectionneurs abbevillois, les antiquités se trouvant dans les environs. Les châteaux qui existaient encore en 1710 sont entièrement détruits, sauf celui d'Eaucourt (5 pages in-4°).

M. Louandre dit que les anciennes Archives de la *Société d'Emulation* ont disparu, ainsi que divers objets curieux, lorsque ses fondateurs cessèrent de se réunir, antérieurement à 1809. Il donne une minutieuse description du livre des Evangiles donné par Charlemagne, et qui se trouve à la bibliothèque d'Abbeville. Ce précieux manuscrit sur deux colonnes, orné de belles miniatures, commence par ces mots en belles capitales romaines : *Prologus quattuor evangeliorum*. Un fac-simile des premières lignes est joint à la lettre, qui porte la date du 6 février 1836.

Le 6 septembre 1838, l'historien d'Abbeville qui n'avait encore que 51 ans, commençait, disait-il, à vieillir, à oublier un peu, à ressentir moins d'ardeur ; il excitait le zèle de son collègue amiénois, plus jeune que lui de 10 ans.

« Vous êtes jeune, et vous avez beaucoup appris, persévérez dans la voie que vous avez suivie. »

M. Louandre n'en poursuivait pas moins, de son côté, d'importants travaux.

Il venait de classer les Archives de son pays, qui se

trouvaient dans un grand désordre, et il avait découvert dans ces documents originaux, des matériaux qui pouvaient lui permettre de publier, soit une seconde édition de l'*Histoire d'Abbeville et du Ponthieu*, soit une collection de textes intéressants. C'est à l'*Histoire d'Abbeville et du Ponthieu* qu'il s'est arrêté définitivement ; il l'a publiée en 1844-45.

« J'ai retrouvé, ajoutait-il, quelques pièces qui concernent Amiens, mais elles sont peu importantes, je vous les communiquerai. »

Dans les lettres qui suivent, il est encore question d'archéologie et d'histoire locale, de la publication de l'*Histoire d'Abbeville et du comté de Ponthieu*, où l'auteur ne veut faire figurer que les « faits les plus saillants. »

Le 16 juillet 1842, il adresse à son ami des extraits de la *Chronique* de Pierre Leprêtre, relatifs aux événements dont Abbeville et ses environs ont été le théâtre en 1470. « Ces détails ne sont pas dans Comines. »

On voit par ce qui précède que pendant de longues années les historiens d'Abbeville et d'Amiens se sont prêté un mutuel et cordial concours, dont leurs travaux ont profité.

Cependant, le même esprit politique n'a pas dirigé les deux écrivains : M. Louandre était en avance sur les idées qui dominaient alors dans l'ancienne capitale du Ponthieu, et M. Dusevel s'était placé dans un milieu plus voisin de l'ancien ordre de choses que du nouveau, sans méconnaître la nécessité des améliorations et des réformes.

M. Louandre, fils, a pris une part très active aux travaux de son père par ses recherches minutieuses dans les Archives de Paris et de divers pays ; elles ont fourni à l'*Histoire d'Abbeville et du Ponthieu* de précieux documents, dont il est fait mention dans la correspondance qui nous occupe.

L'historien abbevillois est mort en 1862, âgé de 75 ans.

XIV

M. Graves, secrétaire général de la Préfecture, à Beauvais, correspondant du ministère, dont on connaît les excellentes *Notices statistiques sur le département de l'Oise*, s'adressait à M. Dusevel pour bien des renseignements. C'est ainsi que dans une lettre du 22 janvier 1835, il sollicitait des notes sur la partie de l'Oise qui dépendait autrefois de l'intendance de Picardie ; il désirait aussi connaître la date et la nature de l'acte par lequel le Beauvaisis avait été détaché de la Picardie.

Ce savant archéologue est l'auteur d'une remarquable *Notice archéologique sur le département de l'Oise, 1858*, in-8°, dans laquelle on trouve la liste des monuments des époques celtique, gallo-romaine et du moyen-âge, subsistant dans le pays, ou dont on retrouve des vestiges.

M. Louis Graves est mort à Paris, le 5 juin 1857, âgé de 66 ans, vénéré dans le département de l'Oise ; le Conseil général lui a fait élever un tombeau à Beauvais. Une *Notice biographique* lui a été consacrée par M. A. Passy. (Paris, Martinet 1857, in-8° de 10 pages).

XV

Le nom retentissant du baron Taylor tient une large place dans la correspondance de M. Dusevel, pendant près de 10 années (1839-50), non seulement en ce qui concerne les documents que notre historien a fournis au *Voyage pittoresque* du célèbre baron, mais encore sur divers autres sujets intéressants.

Le 30 juillet 1842, M. Taylor annonçait une nouvelle agréable à M. Dusevel :

« Le Comité des Monuments historiques a accordé des médailles à quelques inspecteurs, vous êtes du nombre des élus. Je ne vous ai pas annoncé plus tôt cette distinction, parce qu'on ne devait pas en parler, et je vous prie encore de ne pas dire que vous tenez de moi ce petit secret. »

Il disait dans une autre lettre, (2 août 1842) :

« Je suis très juste envers les artistes, je me réserve de fixer les prix de leurs dessins, et jamais ils ne se plaignent de moi. Je paye chaque lithographie 200 fr. »

« N'oubliez pas, (disait-il, à M. Dusevel, le 24 du même mois,) vos notes sur le Beauvaisis, Noyon, Vauclair, Braisnes, Soissons, le Calaisis, le Boulonnais ; envoyez-moi, en grâce, ces travaux le plus promptement possible. »

Une lettre du 15 septembre 1842 mérite d'être transcrite presque en entier.

« Vous m'avez déjà dit qu'un errata serait nécessaire à mes deux ou trois volumes sur la Picardie. Eh ! mon Dieu, je ne le sais que trop. Depuis 24 ans que je travaille à cet ouvrage, sur les douze volumes publiés il y en a dix écrits de ma main, et malheureusement je n'ai ni le talent, ni la vie d'un bénédictin. Pendant ces 24 ans, j'ai été envoyé deux fois en Égypte, en Syrie, dans l'Asie-Mineure, en Grèce, en Italie, quatre fois en Espagne, en Allemagne, et cinq fois en Angleterre. Mon pays a recueilli le fruit de ces voyages : un obélisque antique sur une place à Paris, tout l'intérieur de la façade du Louvre rempli de tableaux et d'objets d'art, que j'ai rapportés après trois voyages faits en Espagne. Dix mille objets ornant les autres musées de Paris ou de la Province ; un ouvrage publié sur l'Egypte et la Syrie et un autre que je finis sur la péninsule Ibérique : voilà bien de quoi m'excuser, si j'ai commis beaucoup de fautes dans ma part de travail des voyages pittoresques dans l'ancienne France. Je ne compte pas tous les rapports que j'ai faits, tous les articles écrits sur les arts et quelques mauvaises pièces de théâtre. Tout cela m'excusera peut-être dans l'avenir auprès des personnes de bonne critique et d'érudition, qui jugeront ma vie et mes ouvrages. »

Ce fragment auto-biographique est, comme on le voit, assez curieux.

Diverses erreurs existaient, en effet, dans le texte du *Voyage pittoresque*, c'est pourquoi M. Taylor, qui désirait les rectifier, disait dans cette lettre :

« J'ai l'intention, Monsieur, quand l'ouvrage sur la Picardie sera terminé, de demander vos bons conseils, pour un errata. Bien des erreurs échappent aux hommes les plus consciencieux. »

Pendant deux ans, M. Taylor se plaint du retard apporté par les artistes dans la livraison de leurs dessins, ce qui lui occasionna un véritable préjudice, et cependant il ne regarde pas à l'argent, dit-il. Les événements de 1848 arrivent et apportent de nouvelles lenteurs, et qui pis est, une crise financière qui fut un grand obstacle, mais que M. Taylor finit par vaincre, dans ce moment pourtant bien difficile.

Dans deux lettres du 7 avril et du 12 décembre 1848, il fait un tableau très lamentable de l'état précaire de l'imprimerie et de la librairie.

« Les circonstances épouvantables dans lesquelles se trouve le pays maintenant ne me permettent pas de continuer mon ouvrage..... On ne publie rien et il m'a été impossible, non-seulement de faire vendre ma livraison, mais encore de pouvoir faire imprimer une ligne. Tout a été suspendu. »

Sur la demande de M. Dusevel, le baron Taylor se rendait souvent utile à la conservation des monuments de la Picardie. C'est notamment par son influence que le beffroi de Péronne fut maintenu parmi les monuments historiques, que certaines restaurations faites à la cathédrale d'Amiens ont pu être exécutées selon les véritables principes de l'art.

Je ne parle pas des services personnels que l'illustre créateur des Sociétés artistiques a pu rendre à son collaborateur, comme une faible récompense de ses travaux et de son dévouement à l'œuvre du *Voyage pittoresque en Picardie*, qui fut surtout, pour M. Dusevel, un labeur patriotique.

XVI

M. Prosper Mérimée a eu, comme inspecteur général des Monuments historiques, les meilleurs rapports avec M. Dusevel, et il les a continués lorsqu'il eut cessé ces fonctions.

Quoiqu'on en ait dit, l'auteur des lettres à Panizzi avait un goût véritable pour l'archéologie, et même parfois dans ce qu'elle a de plus aride, les inscriptions : le 11 mai 1840, il priait M. Dusevel de lui envoyer un fac-simile d'une inscription du Musée d'Amiens, GESACO. AVG. *Saturninus*, qu'il voulait comparer avec une autre inscription trouvée au vieil Evreux, commençant par *CISACVS*, et il indiquait le procédé, bien connu aujourd'hui, au moyen duquel on pouvait obtenir cet estampage.

On verra plus loin d'autres lettres où il est aussi question d'archéologie, et des soins donnés aux monuments historiques.

Le 26 juin 1843, M. Mérimée demandait à M. Dusevel un exemplaire de la deuxième édition de ses *Lettres sur le département de la Somme*, un de ses plus « intéressants ouvrages. » Puis, il lui expliquait comment il avait pu répondre en 1843, à une de ses lettres qu'il croyait récente, parce qu'elle lui avait été remise à son retour d'un voyage en Grèce. Cette lettre, datée du 25 août 1841, était restée « enterrée pendant deux ans dans les cartons du ministère où l'on ne put découvrir un livre qui avait été envoyé en même temps. »

M. Mérimée n'aimait pas moins l'agrément dans le style que l'archéologie pure ; c'est sans doute pour ce motif qu'il écrivait à son correspondant, le 12 juillet 1843 :

« Vous rendez la science amusante, sans qu'elle cesse d'être science. »

Bien peu d'écrivains méritent cet éloge ; il en est au contraire beaucoup d'autres, auteurs peu sérieux, qui ne cultivent que la pseudo-science, mêlée à l'idéal et au roman : il faut heureusement des livres pour tous les goûts.

M. Mérimée ajoute :

« En revoyant le curieux dessin de la Bannière de Péronne, j'ai remarqué la forme singulière des sabres, que tiennent les cavaliers cuirassés du premier plan. Ces sabres courts et recourbés étaient particuliers aux Espagnols du xvie siècle. »

En 1848, les monuments historiques étaient singulièrement délaissés, par suite des événements ; les Comités ne fonctionnaient pas, et il était question de les réorganiser autrement que par le passé. Le 16 mars, M. Mérimée en écrivant à M. Dusevel, s'exprimait ainsi :

« Nous n'avons pas encore été réunis au Ministère des Cultes, mais je crois que notre nouvelle Commission ne tardera pas à se rassembler. Les correspondants seront pris parmi ceux des ministères de l'Intérieur et de l'Instruction publique. De toute manière nous comptons sur vous. »

« J'ai écrit il y a deux jours à Mgr l'évêque d'Amiens qui m'a recommandé sa cathédrale. La grande affaire, dans ce moment, c'est d'avoir de l'argent. Vous savez toutes les difficultés contre lesquelles le gouvernement doit lutter. J'espère qu'il en triomphera. Le ministre de l'Intérieur est si accablé d'affaires qu'il n'a pu encore s'occuper de nous. Croyez que nous ne cesserons pas de le solliciter en faveur de nos monuments, qui pourront utilement employer un grand nombre d'ouvriers. »

Je dois noter encore dans cette missive un passage bien inattendu, c'est celui-ci :

« Je me réjouirais fort si vous acceptiez la candidature qui vous est proposée. Tous les hommes d'ordre et de courage doivent se réunir aujourd'hui. »

Quelle était cette fonction élective qui avait été offerte à M. Dusevel ? Je me rappelle vaguement lui avoir entendu parler de quelque chose de semblable, mais je ne saurais rien préciser.

Ce n'est pas seulement en 1848 que l'argent manquait pour les monuments, qui, dans plusieurs localités, menaçaient encore en 1857 de tomber en ruine. M. Mérimée le constate :

« Je connais depuis longtemps la triste situation de l'église d'Abbeville, mais cette situation est celle de tant de grands et beaux édifices qu'il ne me reste plus de sensibilité pour cette grande dentelle de pierre passablement rococo, que l'on admire trop, ce me semble. Il faudrait pour remédier à tout beaucoup d'argent, et nous n'en avons pas. Nous sommes dans une si triste position que nous en sommes réduits à attendre une catastrophe pour qu'elle nous aide à persuader aux incrédules que les vieux monuments ne se soutiennent pas si on ne les répare. Je reviens de Laon dont l'église nous donne de grandes inquiétudes » (1).

« Il ne faut pas entreprendre de nouveaux travaux avant d'avoir mené les premiers à bonne fin... Vous connaissez mieux que personne les monuments de la Somme, et vous savez que la Commission accueille toujours vos communications avec un vif intérêt » (2).

Le 12 juillet 1857, M. Mérimée se plaignait encore de ne pas avoir d'argent, et craignait de ne pouvoir obtenir le classement, comme monument historique, de l'église Saint-Germain d'Amiens, « comme n'étant pas d'une bien grande importance. »

Le 23 septembre 1863, M. Mérimée répond de Biarritz, à M. Dusevel, qui l'avait consulté sur une question archéologique :

« Je regrette de répondre si tard à votre lettre et d'y répondre si mal, mais je n'ai ici ni mes livres ni mes notes de voyage. Je n'ai vu nulle part des grenouilles ou des escargots sculptés sur les porches d'une église. Dans quelques édifices du moyen-âge, dans l'abbaye de Moissac, on voit une femme nue ayant des crapauds suspendus à ses seins. C'est je crois un emblème de la luxure. Je ne crois pas à priori, que les grenouilles et les limaçons aient quelque sens mystique, cependant je n'en répondrais pas, il se pourrait encore que ces vilaines bêtes figurassent dans quelques armoiries. Lorsque je serai de retour à Paris, je consulterai mes notes, et si je trouve quelque chose, je m'empresserai de vous en faire part. »

(1) Lettre du 10 mai 1854.
(2) Lettre du 24 février 1855.

Le sénateur courtisan trouvait, on le voit, même au milieu de la Cour joyeuse et des plaisirs de Biarritz, dont il prenait sa bonne part, le temps de causer encore d'archéologie avec celui auquel il a donné plus d'une preuve d'estime et d'amitié.

XVII

M. A. Vincent, érudit et membre de l'Institut, né à Hesdin, le 20 novembre 1797, était grand ami de M. Dusevel, et lui écrivait assez fréquemment depuis 1857. Il était question entre eux de sciences et d'histoire ; M. Vincent recueillait les livres et documents concernant son pays natal et son compatriote lui venait en aide. En 1857, ce savant voulait entreprendre une nouvelle campagne à l'Institut en faveur de son ami, mais alors les anciens partisans de M. Dusevel n'étant plus en majorité, il ne fit aucune démarche pour se créer de nouveaux protecteurs, et les choses en restèrent là. Plus sérieux était le projet relatif à la décoration. M. Dusevel était proposé par le Comité, mais les jeunes, plus favorisés, l'emportèrent sur les anciens. M. Ch. Louandre fils, fut un des heureux de cette promotion, dont le ministre s'était particulièrement occupé en faveur de ses amis.

En 1864, M. Vincent était mal portant, les soins que demandaient sa santé lui faisaient perdre un temps énorme, la publication de son *Calendrier égyptien* en était retardée. Nous trouvons dans sa lettre du 15 avril une remarque qu'il faisait au sujet d'un antiquaire de Picardie, qui n'était pas renseigné sur le poëte Santeuil, et à ce propos il disait :

« Se peut-il que le grand poëte de S. Victor soit à ce point inconnu à Amiens »

Il parle ensuite de ses recherches sur le vieil Hesdin.

Ce savant académicien est mort le 26 novembre 1868, à 71 ans.

XVIII

Un autre académicien, M. de Pongerville, traitait M. Dusevel en bon compatriote : il lui offrait de mettre à sa disposition pour son *Histoire de Picardie* des documents importants, notamment sur l'*Invasion anglaise de 1346*.

« J'aurais plaisir à causer avec vous, dit-il, il y a toujours profit dans votre conversation. »

Le savant abbevillois avait publié vers 1820, dans le *Mémorial universel*, un travail sur l'*Ancien port du Crotoy* à propos de la mésaventure tragique de la belle Adèle de Ponthieu. Mais cet épisode, dit l'auteur, n'avait pour fondement que des détails recueillis sur les lieux et les traditions populaires. Un plan du Crotoy était joint à cette publication, avec une vue des ruines du château où fut renfermée Jeanne d'Arc.

Le traducteur du poëme de Lucrèce est mort le 22 janvier 1870, âgé de 78 ans.

XIX

Dans cette revue des correspondants de M. Dusevel, je n'aurai garde d'oublier un de ses meilleurs amis, et peut-être le plus enthousiaste, M. Troche, chef du bureau de l'État civil du quatrième arrondissement de Paris.

Chercheur infatigable, collectionneur de documents et d'estampes sur Paris, M. Troche avait connu M. Dusevel chez un ami commun, M. Gilbert; il en est bien vite résulté, vu la conformité de goûts, une sympathie très vive.

M. Troche a publié entre autres : une *Monographie de l'Eglise de Belleville*, et des *Souvenirs rétrospectifs du vieux Paris*. (Ce dernier ouvrage dans *la Picardie*).

La vente des livres et estampes de M. Gilbert à laquelle cet amateur passionné n'a assisté qu'un seul jour, lui inspire les tristes réflexions suivantes :

« N'ayant aucune envie, à mon âge, de faire de nouvelles acquisitions de livres, dont d'ailleurs, vous le savez, je suis assez bien pourvu, je n'ai point suivi la vente de la bibliothèque de notre pauvre ami, me contentant de quelques reliques littéraires que je possède de lui. Cependant, cher Monsieur, pour satisfaire à votre désir, je viens de me rendre dans ce bruyant bazar, où les dépouilles des morts entassées en monceaux sont ensuite jetées à l'encan aux amateurs bénévoles, à des spéculateurs ou à d'ignobles brocanteurs. L'article 67, cinq pièces sur Notre-Dame d'Amiens, a été surenchéri à 102 fr. ce qui dépassait la limite que vous m'aviez fixée. Beaucoup d'autres articles ont été vendus à très bas prix. Ce n'est pas surprenant, car cela se fait avec une précipitation et un bruit, qui joint aux réflexions ci-dessus, m'ont serré le cœur et m'ont fait fuir cette halle... ou plutôt cet antre ! »

Brave M. Troche, on voit que l'hôtel Drouot ne lui était ni familier ni sympathique, et que ce n'est pas là qu'il s'était si bien fourni de livres ! Il avait pourtant pour eux une véritable passion, mais n'avait-il pas le pressentiment qu'un jour sa propre bibliothèque serait ainsi dispersée, et c'est en effet ce qui eut lieu en mai 1880, deux ans après

le décès de cet ami des livres, mort à Bourbonne-lès-
Bains, en mai 1878.

Si M. Troche aimait les livres, il n'en était pas de
même sans doute de Mme Troche, qui n'était pas bibliophile, si nous en jugeons par la petite anecdote qui suit :
M. Troche avait fait tirer à part un certain nombre d'exemplaires de son travail inséré dans *la Picardie*, et M. Dusevel
s'était chargé de les lui faire parvenir par l'intermédiaire
de son fils, employé des douanes. Nous lisons à ce sujet :

« Vous m'enverrez le tout par M. votre excellent fils, qui selon votre
sage et bien amicale prévoyance évitera la *douane* de Mme Troche. »

N'est-ce pas charmant de faire opérer la fraude par un
de ceux qui sont chargés de la réprimer ?

C'est une ressource que n'ont pas tous les maris qui
pratiquent ce genre de fraude.

Il faut avouer cependant que les dames qui exercent avec
discrétion la douane dont il s'agit n'ont pas toujours tort.

XX

M. Dusevel a eu pour correspondant le célèbre Bottin, le
créateur de l'Almanach qui porte ce nom. Bottin était un
savant archéologue, membre de l'Académie celtique. Il a
publié des *Mélanges archéologiques sur Samarobriva*, ainsi
que sur les monuments celtiques de Picardie, entre autres du
Dolmen de Bavelincourt, de la pierre fiche dite des Gar-
gantua, près de Péronne, etc. (Voir lettres des 17 et
28 février 1831, 15 mai 1832.) Dans cette dernière lettre
il remercie M. Dusevel des renseignements druidiques qu'il
lui a fournis, et déclare qu'il attend avec impatience la

réplique de M. Rigollot relative à son *Rapport sur Samarobriva.*

On sait que M. de Cayrol a aussi traité cette question en 1832, dans une dissertation portant ce titre : « *Samarobriva* ou examen d'une question de géographie ancienne. » (126 pages in-8°.) M. Bottin est mort en 1853, âgé de 89 ans.

XXI

M. L. Vitet, membre de l'Académie, l'ancien inspecteur des monuments, écrivait le 3 novembre 1830 :

« Je lis avec le plus grand intérêt les ouvrages dont vous êtes auteur, puisqu'ils se rapportent aux études qui me sont les plus chères, celles de nos antiquités nationales. Cette lecture me mettra à même de commencer avec vous une connaissance que j'espère cultiver plus tard. »

Ce savant a toujours été bienveillant pour M. Dusevel ; il est mort en 1873, à 74 ans.

XXII

M. Jules Desnoyers, secrétaire de la *Société de l'histoire de France* et aujourd'hui membre de l'Institut (1), annonçait à M. Dusevel, le 3 septembre 1834, son admission dans cette Société, et profitait de cette occasion pour lui offrir de rendre compte de ses ouvrages.

(1) M. Desnoyers, comme membre du Comité des travaux historiques, est souvent chargé du rapport sur les *Mémoires de la Société des Antiquaires de Picardie.*

Le 28 décembre 1836, il fait savoir de sa plus fine écriture, à M. Dusevel, que malgré son long silence il n'en a pas moins conservé le plus agréable souvenir de leurs relations, et qu'il porte toujours un vif intérêt à ses travaux. Puis il l'entretient des publications et de divers projets de la *Société de l'histoire de France.*

Le 2 janvier 1837, il est question de M. Desnoyers dans une lettre que M. Rey, l'auteur de l'*Histoire du Drapeau,* écrivait à M. Dusevel pour lui souhaiter la bonne année; il dit : « J'ai eu le plaisir d'embrasser il y a quelques jours mon vieux camarade Desnoyers, les oreilles ont dû vous tinter, car nous avons beaucoup causé de vous. » Puis, il ajoute : « l'année 1836 est rangée parmi les plus heureuses pour moi, comme étant celle où j'ai fait votre connaissance. » Enfin, cet excellent homme termine en embrassant affectueusement son cher collègue Dusevel, comme il avait embrassé son ami Desnoyers; le moment le voulait sans doute ainsi, car nous verrons que ce n'était pas son habitude aux autres époques de l'année.

M. Rey était très attaché à son correspondant, comme le prouve une lettre de M. de Fortia, du 19 juillet 1838, dans laquelle on lit :

« J'ai vu M. Rey, qui vous est fort attaché, et nous avons réuni nos regrets de ne pouvoir aller vous voir. »

XXIII

M. le comte Beugnot, membre de l'Institut, parle ainsi du Mémoire de M. Dusevel sur les *Anciens monuments du département de la Somme.*

« L'Académie des inscriptions et belles-lettres n'a fait que vous rendre justice en vous décernant une des médailles d'or distribuées annuellement aux meilleurs Mémoires sur nos Antiquités nationales. Je me félicite que l'examen que j'ai été chargé d'en faire m'ait fourni l'occasion d'en apprécier le mérite » (1).

On a vu plus haut quelques extraits de lettres fort intéressantes de M. Beugnot, relatives à la candidature de M. Dusevel, comme correspondant de l'Institut ; nous citerons encore une missive du savant éditeur des *Olim* où on lit :

« Je trouve dans votre lettre des idées fort sages sur la loi que nous discutons, dont je me propose bien de faire mon profit. » (3 mai 1860)

L'auteur de cette lettre est mort le 15 mars 1865, âgé de 68 ans.

XXIV

M. Paulin Paris, l'érudit membre de l'Institut, ne marchande pas les éloges à M. Dusevel (2).

« Nous avons lu à la *Société des Antiquaires* (*de France*) dans la séance du 29 mai 1835 votre précieux Mémoire sur les Antiquités de votre ville de prédilection, sur votre cher Amiens, qui déjà vous était si redevable d'excellents travaux. »

Dans une lettre du 19 août 1836, il est question de la *Confrérie du Puy Notre-Dame d'Amiens*, sur laquelle M. Dusevel possédait de précieux documents que le savant, Paulin Paris regrettait d'avoir ignoré, lorsqu'il publia son livre sur les *Palinods*.

(1) Lettre du 11 août 1835.
(2) Lettre du 8 juin 1835.

« Aujourd'hui je sens avec regret que j'ai bien peu connu ce que j'aurais pu fort bien connaître, grâce à votre inépuisable obligeance. Si la place me le permet j'en parlerai par addition pour compléter ce que j'ai dit, d'après votre excellente et patriotique *Histoire d'Amiens.* » Puis il ajoute : « Vous ne semblez pas avoir, le moins du monde, besoin de nous pour vos travaux excellents dont nous profitons beaucoup à Paris. Je n'ai pas besoin de vous avoir vu pour désirer vivement de tenir une place dans vos affections. Tendons-nous la main. »

Le 1er février 1840, M. Paris parle des chances probables de la nomination de M. Dusevel comme correspondant de l'Institut.

« Je voudrais, dit-il, que ma voix pût entraîner celle de la majorité de mes confrères, mais M. de la Porte et l'abbé Greppo sont de redoutables concurrents. Cependant vos nombreux et patriotiques travaux vous donnent des titres fort sérieux. »

Il demande ensuite des renseignements sur le *Biblionomia* de Richard de Fournival, manuscrit qui n'a pas été vu par Ducange.

Paulin Paris est mort à Paris, le 13 février 1881, âgé de 81 ans, ne laissant que des regrets parmi ceux qui l'ont connu, et qui ont pu apprécier les qualités et le mérite de l'homme, du professeur, du bibliothécaire et de l'écrivain. Nous ne pouvons d'ailleurs que conseiller de lire la biographie de ce savant par un de ses fervents disciples, passé maître en érudition, M. Tamizey de Larroque. (Paris, Téchener, 1881.)

M. Paulin Paris aimait les antiquités et les objets d'art; un écrivain fort original, M. Teste d'Ouet, raconte à ce sujet l'anecdote suivante :

« J'espérais attirer chez moi MM. Paulin et Louis Paris, Mérimée, le bibliophile Jacob, Victor Hugo et bien d'autres illustres antiquaires, pour voir ma belle glace de Venise ; mais hélas ! mon rêve s'est évanoui ! ma glace est cassée ! »

Puis il ajoute :

« Ils seraient venus pour elle, mais ils ne viendront pas pour moi ; je ne m'en consolerai jamais ! Voilà comme quoi casser une glace porte malheur ! »

Ce qu'il y a de curieux, c'est que cet écrivain qui était loin d'être sans esprit se montrait superstitieux dans un livre où il combattait la superstition. (*Le chien qui hurle*, Paris, Didron, 1847.)

XXV

Une seule lettre existe de M. le comte de Vaublanc, ancien membre de l'Académie des beaux-arts et ancien ministre d'Etat sous Louis XVIII, mais elle mérite d'être reproduite en entier. Elle porte la date du 14 janvier 1839.

« M. de Calonne m'a remis l'ouvrage que vous l'avez chargé de me donner de votre part. J'ai voulu le lire, avant de vous en remercier. *Je l'ai écouté*, (car mes yeux ne peuvent plus lire,) avec un extrême plaisir. Il est aussi curieux qu'intéressant ; c'est un vrai monument que vous élevez à la gloire du grand Roi. Il m'a fait d'autant plus de plaisir, qu'il me confirme dans l'opinion que j'ai osé avancer dans mes Mémoires. J'ai dit que ce grand prince était fort heureux de n'avoir pas eu ce que nous appelons instruction, qu'il était resté lui-même, tel que la nature l'avait fait, qu'il ne s'était occupé que des choses et des hommes, et qu'il avait puisé ainsi, dans ses méditations, le petit nombre de grandes maximes qui en ont fait un grand homme. Tout ce que nous avons de lui, prouve un sens droit, élevé, qui a dirigé toute sa conduite.

» Vous dites, Monsieur, que vous avez conservé scrupuleusement son style et son orthographe, mais vous ne dites pas si le manuscrit

est écrit de sa main. Son écriture est très facile à reconnaître. Quoiqu'il en soit, qu'il l'ait écrit ou qu'il l'ait dicté, on y reconnaît toujours
son excellent esprit, et son désir de rendre justice à tout le monde.
Maintenant, je l'approuve beaucoup de n'avoir pas passé le Rhin ; il
avait de bonnes raisons, et l'on voit qu'il eût fait une imprudence en
ne restant pas avec une armée, afin de s'opposer aux tentatives qu'aurait pu faire le prince d'Orange.

» J'ai l'honneur, Monsieur, de joindre à mes vifs remerciements de
votre beau présent l'assurance de la considération dûe à vos talents et
à l'usage que vous en faites.

Signé : Cte DE VAUBLAN,

puis au-dessous : sans y voir.

XXVI

Un savant dont les travaux font aujourd'hui autorité,
le P. Cahier n'a écrit qu'une seule lettre à M. Dusevel,
mais comme elle remonte à une époque voisine des débuts
de cet archéologue, et qu'elle offre de l'intérêt, nous la
transcrirons presque en entier.

Saint-Acheul, 13 septembre 1840.

« M. Goze a mis bien de l'empressement pour accorder une mention
honorable à mon travail tout incomplet qu'il est ; la première partie
n'est même pas terminée. (Elle contient cependant environ 200 pages).
Je ne puis y voir que la marque d'une affection de condisciple, et je
risquerais de voir casser la sentence de M. Goze, si j'allais en soumettre
la révision au regard moins prévenu d'un auteur qui sait son moyen-
âge comme vous, Monsieur. J'y perdrais ainsi cet intérêt du mysté-
rieux que conserve l'éloignement, et je compromettrais à la fois le jugement porté par un ami, deux choses que l'on ne se décide pas aisément
à sacrifier. C'est le premier essai d'une plume très peu exercée. J'étais peu
empressé d'affronter le jugement du public, des missions de campagne,
une étude sevrée de toute étude profane, n'amène pas à coup sûr le

désir de la publicité, aussi n'ai-je fait tirer cet opuscule qu'à 50 exemplaires. Vieil achéolien, puisque mon enfance presque entière passée à Saint-Acheul m'a quasi naturalisé picard, je n'ai pas su résister cette année au plaisir que j'éprouvais à revoir d'anciens condisciples, qui m'ont en quelque sorte forcé la main. M. Goze est du nombre, et c'est en souvenir du temps où, comme voisin d'étude, j'avais le droit de feuilleter ses plans architectoniques et ses caricatures que je lui ai donné un exemplaire de mon livre. »

Ce livre était le premier travail de l'auteur sur les *Bibliothèques du moyen-âge*; il a été réimprimé en 1877, chez Didot, dans les *Nouveaux Mélanges*.

On voit par cette lettre que c'est à Saint-Acheul, alors qu'il n'était encore qu'écolier, que M. Goze prit goût à l'archéologie, et que le P. Cahier fut pour ainsi dire sinon son élève, du moins son émule. Le talent du débutant de 1840 a singulièrement grandi depuis.

XXVII

M. Emeric David, membre de l'Institut, a été, nous l'avons dit, un des protecteurs de M. Dusevel; ses lettres sont très affectueuses, son *Rapport* à l'Académie sur le *Mémoire* de M. Dusevel fut très favorable et il n'avait fait, dit-il, que rendre justice à l'auteur. Cet archéologue s'occupait parfois des Antiquités de la ville d'Amiens; dans une lettre du 15 juillet 1837, il demandait des renseignements sur le labyrinthe de la Cathédrale.

Emeric David, l'auteur de l'*Art statuaire* et de plusieurs autres ouvrages estimés, est mort le 2 avril 1839, âgé de 84 ans. M. Dusevel perdit en lui un ami et une voix influente à l'Institut.

XXVIII

M. Mollevaut, membre de l'Institut, littérateur et poëte, adresse le 5 octobre 1839, à M. Dusevel, la charmante lettre qui suit :

« L'heureux mélange de la prose et des vers, de l'utile et de l'agréable, ajoute au prix d'un livre, et le vôtre, Monsieur, devait éveiller mon vif intérêt. A la page 15, vous payez à Jeanne d'Arc un noble souvenir qui m'engage à vous envoyer un rapport archéologique sur la chapelle où elle reçut sa mission divine. Vous parlez aussi de Corbie où j'avais pris une épouse pleine d'attraits et de talents, et que j'ai eu la douleur de perdre à la fleur de l'âge (27 ans.) Vous trouverez un sonnet que j'adresse à ses mânes et à ma fille chérie. »

L'ouvrage qui avait fait cette impression sur ce poëte sensible, cet époux si éprouvé, ce bon père, est un des livres les plus agréables, entre tous, de ceux qui sont sortis de la plume de M. Dusevel : les *Lettres sur le département de la Somme*.

Depuis cette époque, notre savant historien n'a guère cultivé les Muses, si ce n'est en de rares occasions, *inter amicos*.

Le 2 février 1840, M. Mollevaut s'exprime ainsi :

« Je serais tenté de croire que la déesse Hygie est la sœur d'Apollon, car je sors d'une longue maladie et je n'ai pas encore repris ma sève poétique.

» Vous pouvez compter sur moi pour l'Institut. »

C'est ainsi que se termine cette missive, à laquelle est joint le sonnet à sa fille tant regrettée.

Ce sonnet finit ainsi :

> « Ma fille ! que te sert ma vertu secourable ?
> » Je ne puis remplacer sa tendresse admirable,
> » Car elle était un ange, et je suis un mortel. »

Mollevaut a inséré plusieurs pièces de vers dans la revue *la Picardie ;* il est mort le 13 novembre 1844, âgé de 68 ans. Cet aimable poëte a été très regretté.

XXIX

Parmi les correspondants picards, je trouve un « vainqueur commandant de la Bastille du 14 juillet 1789. » C'est ainsi que M. Dupré, de Corbie, signe une lettre du 23 août 1838.

Cet ex-démolisseur était devenu conservateur d'une pierre, non de la redoutable forteresse qu'il avait prise, mais d'un monument d'antiquité fort curieux ; nous laissons la parole au commandant, en respectant son orthographe.

« C'est en faisant creuser les fondations des deux pillastres de ma porte cochère que j'ai découvert, à 7 mètres, un souterrain spacieux qui circule sous la rue de la porte d'Encre et la place de Corbie, dans lequel j'ai trouvé une pierre dure en forme de chapitau ; elle représente d'un côté, Dieu qui crée Adam et Eve, les prend à la main très poliment et les introduit dans le Paradis terrestre, la main droite placée sur l'arbre dont les fruits leurs sont deffendus ; l'autre côté représente un arbre au milieu duquel est enlacé un énorme serpent qui tient en sa gueulle un fruit qui n'a pas la forme d'une pomme, soit dit en passant. Eve qui prend ce fruit de la gueule du serpent de la main gauche et en présente à Adam de la main droite ; il en porte à la bouche avec avidité. Aussitôt l'ange exterminateur, une large épée à la main, empoigne Adam avec violence par le bras et le chasse du lieu de délice. Sur le quatrième côté sont Abel et Caïn devant Dieu qui reçoit les offrandes d'Abel et refuse celles de Caïn. Toutes ces figures sont très expressives ; il en est qui sont un peu mutilées. Cette pierre peut peser 100 livres. Elle a un pied de haut sur 15 à 18 de large. On dit que cette sculpture est du temps des Romains. J'en fais don au Musée, je vous l'adresse, M. Dusevel, par le batteau de Corbie.

» Je désire que cette production ancienne *Cooper* à nous ramener l'âge d'or, c'est-à-dire au perfectionnement de l'espèce humaine. »

Ce don si originalement offert et décrit, n'en est pas moins un des bons morceaux du Musée, où on l'a fait figurer avec cette inscription : « Un très beau chapiteau de style roman, retraçant dans son pourtour l'histoire du premier homme ». *Bulletin de la Société des Antiquaires de Picardie, 1839,* p. 120.)

XXX

Nous avons déjà parlé de M. de la Fons, baron de Mélicocq, né à Noyon, en 1802, intrépide explorateur d'archives, correspondant du ministère, et l'un des meilleurs amis de M. Dusevel. Sa correspondance était active et presque toujours intéressante. Que de sujets relatifs à la Picardie, que de notes et de documents divers renfermés dans ces lettres ! Non content de mettre en œuvre par lui-même ses renseignements précieux et abondants sur les artistes du nord de la France, au moyen-âge, sur l'*Histoire du Noyonnais, de Péronne, de Béthune,* etc. Il distribuait avec une grande libéralité à ses amis le fruit de ses recherches. De 1853 à 1855, il a compulsé les Archives, les sources originales de toute nature. Fixé à Lille, il écrivait le 14 juin 1854 :

« Je travaille aux archives générales et à celles de l'hôtel-de-ville, j'ai fait des découvertes admirables, et si je puis vous être bon à quelque chose, ne m'épargnez pas ; vous voyez que je ne suis pas changé. »

Puis vient un reproche à M. Dusevel qui était resté pendant plusieurs années sans lui écrire ; il en paraissait fort marri :

« Qu'avez-vous à me reprocher, lui disait-il, ai-je manqué aux devoirs de l'amitié ? »

« Je n'ai rien à vous reprocher, lui a répondu son vieux camarade, je n'ai rien contre vous, mon cher ami, mais j'ai été souffrant, accablé par les maladies et la mort des miens. »

Les autres lettres de M. de la Fons ont été si nombreuses, pendant 20 ans, que je n'entreprendrai pas d'en faire ici l'analyse ; je citerai seulement quelques passages de la dernière lettre du dossier, portant la date du 18 septembre 1854.

« J'ai vu dans le *Bulletin du Comité* que vos travaux avaient été hautement appréciés par le Comité. Il est regrettable que la publication de nos *Archives de Picardie* ait été interrompue, elles offraient beaucoup plus de documents intéressants que la plupart des revues publiées aujourd'hui. Didron dit dans son recueil que vous avez le premier signalé la représentation de la vengeance de Jésus-Christ au XVe siècle. »

Il dit encore :

« Vous rappelez-vous le projet que nous avions de publier un ouvrage intitulé : *La Picardie au* XVe *siècle ?* Aujourd'hui, mieux encore qu'à cette époque, nous possédons l'un et l'autre tous les matériaux nécessaires et je serais heureux de pouvoir travailler avec vous à cet ouvrage que nous pourrions intituler : *le Nord de la France au moyen-âge.*

M. de la Fons termine en disant qu'à Lille on est essentiellement matérialiste, qu'il en déteste les mœurs, que ses études seules l'ont retenu dans cette contrée, et qu'il la quittera l'année suivante pour aller définitivement se fixer auprès de Laon.

Avant de mourir, ce grand travailleur a, par son testament du 2 décembre 1864, fondé à l'Institut un prix de 1,800 francs, pour être décerné tous les trois ans au meilleur ouvrage sur l'*Histoire et les Antiquités de la Picardie et de l'Ile-de-France*.

M. de la Fons est mort à 65 ans, le 8 juin 1867. Sa biographie, accompagnée d'une liste très détaillée de ses écrits, a été publiée par M. Desplanque (1).

XXXI

Plusieurs évêques ont correspondu avec M. Dusevel, entre autres Mgr Mioland qui, soit comme occupant le siège épiscopal d'Amiens, soit comme archevêque de Toulouse, n'a cessé d'entretenir M. Dusevel d'archéologie monumentale et de divers sujets intéressants.

Je me bornerai à citer quelques passages de ses lettres. Plusieurs ont rapport aux tableaux de la Confrérie Notre-Dame du Puy, dont nous avons déjà parlé.

Dans une lettre du 8 janvier 1851, il est longuement question des *Actes de l'Eglise d'Amiens*, publiés par ce prélat.

(1) *Valenciennes*, 1868, 34 p. in-8°. « M. de la Fons, dit l'auteur de cette notice, apportait à fuir les distinctions honorifiques le même empressement que d'autres déploient en vue de les conquérir. La tournure un peu vive de son caractère était rachetée par une loyauté à toute épreuve. » Il a légué à la ville d'Amiens ses notes et ses ouvrages manuscrits, notamment un *Dictionnaire de la Langue romane*.

« Si vous rendez compte de ce livre, dit-il, n'en parlez pas pour faire mon éloge, cela pourrait me donner un air d'importance qui serait fort mal séant. Le troisième volume est tout prêt : tous les matériaux sont réunis, un carton renferme toutes les notes. Je me suis mis à la disposition de l'évêque d'Amiens pour les rédiger même ici, quand il le jugera utile pour le bien du diocèse. »

Le prélat parle ensuite d'objets d'art liturgiques, d'une église romane qu'on devait construire près de Toulouse, et il termine en assurant son correspondant de son « sincère attachement et de son dévouement cordial. »

Le 24 juin 1858, l'archevêque de Toulouse écrivait encore à M. Dusevel et il est mort le 16 juillet de l'année suivante, âgé de 71 ans.

XXXII

Nous avons vu que les savants de la Normandie avaient été parfois pour M. Dusevel des concurrents sérieux au le titre de correspondant de l'Institut, mais il n'en eut pas moins avec plusieurs d'entre eux de bonnes relations. C'est même en pays normand qu'il a eu, entre autres, trois amis bien dévoués qui se plaisaient à lui témoigner le plus sincère attachement. Les preuves ne manquent pas. Prenons seulement une lettre de Hyacinthe Langlois, cet artiste de talent, si peu récompensé de ses services.

Le 14 février 1837, il terminait une longue lettre en disant :

« Notre bon de La Quèrière qui ne tarit pas sur vos éloges et qui paraît, ce que je crois fermement, vous aimer de tout son cœur, m'a prié de le rappeler à votre bon souvenir, ainsi qu'Auguste Le Prevost, ce que je fais, en vous conjurant pour mon propre compte de vouloir bien ne pas douter des sentiments de parfaite estime et de sincère attachement que je vous ai voués. »

Dans cette lettre il donne de grands détails sur ses ouvrages en préparation et sur ceux qu'il a achevés : la *Danse des Morts*, ouvrage dans lequel il se proposait de parler des *trois morts* et des *trois vifs* de Saint-Riquier, d'après les renseignements de M. Dusevel, et c'est ce qui fut fait ; les *Manuscrits du moyen-âge* ; l'*Ecole révolutionnaire de Mars* ; les dessins des *Statues de la cathédrale de Rouen* ; *Discours sur les Déguisements monstrueux et sur les Fêtes des Fous*.

Il soumet aussi à son correspondant la réflexion suivante ayant rapport à une erreur qu'il a cru remarquer dans diverses transcriptions de l'inscription funéraire de l'évêque Evrard de Fouilloy. Cette erreur qui ne consiste que dans la substitution d'une lettre à une autre n'en présente pas moins un contre-sens burlesque dans le dernier vers :

« *Mitibus agnus erat, tumidis...* »

« Je trouve partout *timidis* pour *tumidis*, dit-il, ce qui signifie que le brave Evrard se montrait un *lion* avec les gens *timides*, tandis qu'il ne l'était qu'envers ceux dont le cœur était *bouffi d'orgueil*. »

Langlois, dont la santé était épuisée par le travail, par les maladies et par le chagrin, ne devait pas longtemps survivre à cette lettre ; il est mort en 1838. Un ami du défunt, Ch. Richard, a écrit la vie de cet homme de cœur et de talent, qui avait recommandé qu'après sa mort il ne fût pas fait de discours académique, ne désirant dans sa modestie qu'une simple notice.

M. Richard constate que Langlois jouissait au loin d'une

considération méritée, mais que les admirateurs de son talent ne se trouvaient pas dans sa ville natale. (*Description des Statues de la cathédrale de Rouen, 1838.*)

Un jour, Langlois rappelait lui-même dans une de ses œuvres, les *Déguisements monstrueux*, combien peu on honorait dans la capitale normande, les enfants du pays qui s'étaient distingués, même les plus illustres : les étrangers n'y ont-ils pas assez longtemps cherché la statue de Pierre Corneille !

XXXIII

M. de la Quérière, autre normand, archéologue passionné et modeste, était comme Langlois, un ami de cœur de M. Dusevel. On en jugera par la lettre suivante :

Rouen, 16 novembre 1864.

Mon cher Confrère et ami,

« Je crois que la Providence m'a créé et mis au monde pour traiter des vieux monuments : elle m'a donné le goût des beaux-arts et de nos antiquités nationales. Voilà tout. Quant aux honneurs académiques je ne les ai jamais recherchés, ils sont venus à moi par ma première publication, celle relative à la *Description des maisons les plus curieuses de la ville de Rouen*. Une fois lancé dans la carrière, on ne s'arrête plus, surtout quand on a eu le bonheur de réussir une première fois. Je n'ai point d'ambition, je ne demande rien. On ne pense guère à moi dans les régions élevées et je ne m'en soucie pas, Dieu merci. J'aime la vie modeste et retirée. Puis, en toute circonstance j'ai été trop franc, et l'administration n'aime pas les observations ; il faut pour lui plaire tout approuver et tout louer. Si par hasard une distinction m'arrivait, je serais tenté de dire : Il est trop tard, c'est une décoration quasi posthume ! Je vieillis, je m'en aperçois bien, il n'y a que le cœur chez moi qui n'ait pas faibli. Je vous en donne l'assurance, il sera toujours le même à votre égard, mon cher ami et estimable confrère, soyez en persuadé. Tout à vous pour la vie. »

XXXIV

M. Auguste Moutié, président de la *Société archéologique de Rambouillet*, archéologue distingué, était pour M. Dusevel un bon collègue et ami. Collaborateur du duc de Luynes pour des recherches importantes sur les monuments, les chartes, les inscriptions, les usages, etc., concernant chaque commune de Seine-et-Oise, M. Moutié s'était occupé aussi, comme son collègue d'Amiens, des Archives de Lucheux, conservées au château de Dampierre. Ce qui pouvait être utile aux travaux de M. Dusevel sur l'*Ancien domaine de Lucheux* lui fut envoyé, et dès lors les rapports ont été assez fréquents entre les deux historiens et antiquaires de Rambouillet et d'Amiens, et leur correspondance, abondante en détails, est intéressante. Dans une lettre du 16 octobre 1844, il est question des premiers chapitres de l'ouvrage sur *Lucheux*, dont le duc désirait vivement l'achèvement, disant qu'il ne fallait pas ménager les pièces originales.

Une tombe de l'église de Querrieux, visitée par M. Moutié lui avait paru intéressante. Il la signalait et transcrivait ce qui restait alors de l'inscription :

Chi dessoubs gist et repose le corps de Andrien Dupont pbre. . . . . en son vivant curé, lequel ala de vie par mort lan mil chinc cens et. . .

Zélé pour la conservation des monuments, M. Moutié avait entrepris pour sa région la même campagne que son ami amiénois avait entreprise ici, contre le vandalisme et les mauvaises restaurations. Les colonnes du journal *l'Univers* avaient été ouvertes à l'un et à l'autre pour traiter ce sujet.

Il est naturellement fort souvent question du duc de Luynes dans cette correspondance, de son esprit judicieux, éclairé, généreux, de ses travaux, de son mariage et même de ses « *petites manies d'antiquaire.* »

M. Moutié aurait voulu écrire plus souvent à son « bon camarade », mais le travail l'absorbait, il trouvait le temps trop court, et l'Étude, disait-il, « est une maîtresse trop exigeante. »

Il aurait bien voulu aussi revenir visiter Amiens et ses environs, causer d'archéologie avec M. Dusevel, de blason avec M. Goze, etc., mais enchaîné par un labeur continuel et pourtant volontaire, il se voyait « rivé à sa région. »

XXXV

Le docteur Goze, le savant héraldiste, l'explorateur intrépide du moyen-âge, eut avec M. Dusevel les relations les plus intimes. Unis par les mêmes goûts, ils ont toujours travaillé pour la même cause, se soutenant mutuellement contre les adversaires de leurs idées. C'est de concert qu'ils ont combattu le vandalisme dans les monuments et les arts, les dégradations, les mauvaises restaurations non conformes au style primitif. C'est par leurs sollicitations, leurs démarches, leurs écrits, que l'opinion publique a été éveillée sur bien des points touchant aux monuments civils et religieux, et que l'autorité a pris les mesures nécessaires à la conservation et à l'embellissement de ces édifices. Plus tard, les deux amis ont été appelés à veiller ensemble, avec le titre officiel d'inspecteur et inspecteur-adjoint, sur leurs chers monuments, fonctions qu'ils ont consciencieusement remplies.

Qui connaissait mieux les familles picardes que M. Goze, ce grand blasonneur ? Sa mort prévue, mais prématurée, arrivée le 7 septembre 1874, a été une perte d'autant plus sensible qu'elle ne sera, sous ce rapport, de longtemps réparée.

Un savant archéologue a porté sur lui le jugement suivant :

« Les critiques de M. Goze sont judicieuses et fondées ; sans être artiste, il possède comme amateur le sentiment du vrai et du juste. »

Les lettres de M. Goze à M. Dusevel, écrites alors que ce dernier était absent d'Amiens, ne sont pas nombreuses, mais elles sont intéressantes. Je n'en citerai qu'une ici, du 6 avril 1864, pour montrer les sentiments qu'il avait pour son collègue.

« Ce n'est qu'à force de soins comme vous en avez eu, que l'existence de Mme Dusevel a pu se prolonger ; c'est avec peine, mais sans étonnement que j'ai appris sa mort et ce nouveau malheur qui vous frappe ; les maladies de cœur à un haut degré ne pardonnent pas. Qu'elle reçoive la récompense due à ses vertus, car elle était tout entière à ses devoirs ; que ceux qui lui survivent héritent de son courage à supporter ses souffrances, pour résister à la peine de sa perte. »

C'est aussi d'une cruelle maladie de cœur qu'est mort le bon docteur.

On lit encore dans la lettre du 6 avril :

« Quant à vous, mon ami, faites de petits voyages pour remettre votre santé, venez à Amiens, nous causerons de tout ce qui vous intéresse ; les mêmes goûts, les mêmes idées, les mêmes opinions nous unissent depuis 36 ans. Comme nous le disions dans nos dernières lettres, si nous nous occupons d'histoire, de monuments, c'est dans des idées de religion, de morale ; l'étude prise de cette manière est une occupation honorable, et une consolation dans nos malheurs, nos tribulations et les injustices. »

Voilà quel était ce sage, simple, naïf et véritable ami. Ajoutons qu'il avait avec tous son franc parler ce qui lui a valu plus d'un adversaire, dont il avait plaisamment ridiculisé l'ambition, la vanité, les intrigues, les bévues, la prétendue science. Mais les légers nuages qui ont pu s'élever entre lui et son collègue Dusevel, n'étaient que passagers ; autant en emportait le vent. Et dans maintes circonstances M. Goze a rendu hommage au talent et au véritable savoir de son ami.

Les Sociétés savantes d'Amiens n'ont jamais compté M. Goze parmi leurs membres, de même l'historien Daire, ne fut pas élu académicien dans sa ville natale.

XXXVI

Peut-être publierai-je un jour ma correspondance personnelle avec M. Dusevel, qui était pour moi un ami affectueux, mais aujourd'hui je me bornerai à transcrire une seule lettre, parce qu'elle était destinée par l'auteur, dès son vivant, à la publicité. On me pardonnera de me faire l'éditeur des éloges que l'historien a donné à l'un de mes ouvrages qui avait pour lui sans doute quelque attrait.

Amiens 1874.

Mon cher Collègue,

« La lecture de vos *Recherches sur les Almanachs et Calendriers historiés*, m'a vivement intéressé. Ce nouvel ouvrage de votre plume, ne peut que vous faire beaucoup d'honneur. Il est en effet plein de curieux détails qui n'étaient pas connus même de ceux qui, comme moi, ont cependant recueilli des anciens almanachs aujourd'hui si rares. Ces almanachs vous ont fourni, mon cher collègue, soit de savantes observations, soit des citations fort amusantes ou singulières. On ne peut s'empêcher de donner cette qualification à ce que vous dites pages 7, 8, 15, 31, 71, 72, 128, de l'illustration et du contenu de divers calendriers. Je devrais m'étendre davantage sur le mérite de vos recherches, car c'est un livre auquel les bibliophiles s'empresseront d'accorder, comme je viens de le faire, une place honorable dans leur bibliothèque. »

XXXVII

Du nombre des correspondants étrangers, **nous citerons** particulièrement M. Léon Paulet, littérateur et historien belge, mais picard de naissance, et grand collectionneur d'ouvrages et d'estampes sur son pays natal. Ses lettres fourmillent en détails de ce genre.

« Ne soyez pas surpris, disait-il le 6 février 1850, des gravures qui existent sur Ham : j'en possède beaucoup, mais il en existe beaucoup d'autres, que l'on ne trouve pas à Paris. »

Poète à ses heures, M. Paulet adresse à M. Dusevel, un remerciement en vers :

> Je me suis cru ma foi grand homme
> En voyant figurer mon nom
> Dans le troisième et gentil tome
> De votre illustre Panthéon !
> Mon nom parmi tant de merveilles !
> En aviez-vous bien des raisons ;
> Est-ce donc parmi les abeilles
> Qu'on doit rencontrer les frélons ?

Cette lettre contient de très curieux détails sur Ham, le prince Louis Napoléon, alors qu'il y était prisonnier.

« Je ne caresse pas les grands et n'ai rien à lui demander, mais je ne puis m'empêcher de lui rendre justice, en disant que son cœur est généreux. »

Dans un poëme intitulé *le Destin*, Léon Paulet avait en quelque sorte, prophétisé le futur règne du prince, qui reçut dans sa prison bien d'autres témoignages de sympathie.

M. Paulet ne fut pas, en effet, au nombre de ceux qui ont courtisé l'ex-prisonnier lorsqu'il fut au pouvoir. Il paraissait fort dédaigneux des titres honorifiques et des décorations, si l'on en juge par ce passage d'une de ses lettres :

« Le gouvernement ne récompense pas vos services, ... mais, je vous le demande, quelle valeur ont ces titres ? Ah ! si des savants, réunis en congrès, les décernaient, à la bonne heure ! La décoration donnée autrement n'est souvent qu'une faveur et une niaiserie. Est-ce que les sciences ne nous paient pas elles-mêmes de nos peines ? »

M. Dusevel s'était sans doute plaint à lui de vieillir, car il lui disait :

« 15 ans à vivre, morbleu ! votre vie est-elle donc une montre, pour en calculer ainsi la durée ? Vivez mordieu, autant que Mathusalem, chargé d'années et d'in-8°. D'ailleurs, nous tenons trop à vous pour vous laisser partir, et bon gré mal gré, nous vous garderons et nous ne chanterons *Miserere* sur vous qu'alors qu'il sera presque le temps pour nous d'aller voir si là-bas on s'occupe d'archéologie, et si les ministres y décorent les petites vanités et les grands ignorants. En attendant, je vous embrasse en bon picard. »

Ces paroles si sages et si vraies n'ont certainement pas consolé celui auquel elles s'adressaient, et qui, il faut le reconnaître, s'est toujours égaré dans le chemin de la croix.

Dieu sait ce que coûte à quelques-uns le ruban rouge ! Et nul n'ignore que la croix n'est pas toujours une preuve de mérite. Que d'abus n'a-t-on pas déjà constatés ?

Il serait curieux de dresser la statistique des troubles occasionnés par la frénésie des décorations, l'une des maladies du siècle !

M. Paulet fréquentait en amateur les ventes et les marchands des Pays-Bas, il faisait souvent des achats et envoyait parfois à son correspondant des estampes sur Amiens et Doullens ; il lui donnait un jour la liste de douze portraits différents de Pierre l'Hermite, portraits que n'ont connu ni l'historien du prédicateur des croisades, Michel Vion, ni l'auteur des *Illustrations picardes*, M. G. de Forceville.

La Picardie et ses enfants lui étaient chers, cependant il ne voulait servir qu'à bon escient leurs intérêts ou leurs prétentions en Belgique : un de ses compatriotes picards, débutant archéologue, ambitionnait le titre de correspondant d'une Société savante Belge, les titres de ce jeune homme ne lui ayant pas paru suffisants, il déclina poliment la mission de le présenter, afin de ne pas passer aux yeux de ses collègues pour vouloir faire acte de complaisance.

Le tome V des *Bulletins de la Société des Antiquaires de Picardie*, contient des lettres sur Pierre l'Hermite, par M. Paulet qui revendique, en faveur du prédicateur des croisades, la nationalité picarde.

M. Paulet a devancé M. Dusevel dans la tombe.

Au nombre des correspondants étrangers, nous pourrions encore citer plusieurs membres de la *Société universelle pour l'Encouragement des arts et de l'industrie*, qui avait son siège à Londres, laquelle désigna par ses suffrages, M. Dusevel, pour être son vice-président. Il en recevait la nouvelle de M. le prince de Rohan-Rohan, président de la Société, dans une lettre du 28 janvier 1855. L'élection avait eu lieu le 23 du même mois.

Plusieurs savants et libraires d'Allemagne, de la Suisse et d'Angleterre demandaient à notre historien des renseignements et sa collaboration.

XXXVIII

Les correspondances contenant des faits relatifs à la Picardie sont, outre ce qui est déjà mentionné, celles indiquées dans le tableau alphabétique suivant :

Barante (de).	Daunou.
Bard (Joseph).	Delpit.
Bazin.	Deville.
Bellaguet.	Didot.
Bernier.	Dupont (Emilie).
Blin de Bourdon.	Escalopier (de l').
Boubers (Cte de).	Estancelin, député.
Bresseau.	Estourmel (d').
Butteux.	Fontenelle (de la).
Caix de St-Aymour (B^on de).	Flavigny (de).
Carlier.	Friant.
Caumont (de).	Gomart.
Cayrol (de).	Givenchy (de).
Chalamel.	Godefroy.
Cochet (l'Abbé).	Grille de Beuzelin.
Coet.	Guilbert.
Collin de Plancy.	Hachette.
Coulon.	Hamel (Cte du).

HARBAVILLE.

HIVER, de Péronne.

HOUBIGANT.

JUBINAL.

LABOURT.

LASSUS.

LEBEY.

LEDICT-DUFLOS.

LEFILS.

LE GLAY.

LE PRÉVOST.

LION.

LORIN, peintre verrier.

MANGON DE LALANDE.

MÉRICOURT (Vte DE).

MORAND (François).

PADÉ.

PRIEST (DE St).

RAMBURES (DE).

RAMÉE.

RAVIN.

REVEL (DE).

RIGOLLOT.

REY.

ROHAN (Pce DE).

SARCUS.

SAUSSAYE (DE LA).

SCHULEMBOURG.

TAILLANDIER.

TAILLAR.

TOURVILLE.

VERVILLE (DE).

VILLEGILLE (DE LA).

VILLEMANT.

WOILLEZ.

Les lettres des hommes célèbres, des savants, des érudits, des littérateurs, des artistes, dont les noms viennent d'être cités, ne furent pas pour M. Dusevel une simple satisfaction d'amour-propre ou de vanité. Cette vaste correspondance répondait surtout au désir qu'il avait de s'informer, de s'instruire et de faire profiter ses travaux des lumières qui lui arrivaient de tant de rayons. Il recueillait ainsi parfois de précieux jugements sur ses publications, des critiques bienveillantes, mais solides, dont il savait tirer parti. Dire qu'il était insensible aux éloges serait une contre-vérité, il n'aurait pas dit :

« Je ne veux pas qu'on me loue. »

Il acceptait les louanges qu'il croyait avoir méritées et s'en enorgueillissait un peu. Chacun n'a-t-il pas ses petites faiblesses ?

D'un autre côté, cette correspondance si variée n'intéresse pas seulement la Picardie, elle a aussi une portée plus générale, et révèle souvent sur les choses et sur les hommes des faits et des particularités inédits, concernant l'archéologie, l'histoire et les arts. Ajoutons qu'elle a aussi son côté attrayant et piquant.

Nous dirons, en terminant, que les manuscrits et la correspondance de M. Dusevel, ne pouvaient tomber, pour leur appréciation et leur conservation, en de meilleures mains que celles où se trouvent aujourd'hui ces précieux documents.

———

ERRATA

Page 19, *ligne* 14, *lises* siècles *et non* siècle.
— 54, — 27, — de Betz, — de Retz.
— 51, — 30, — qualifiée, — qualifié.

TABLE DES CHAPITRES

Amiens. — Imp. Delattre-Lenoel, rue de la République, 22.